文史通识讲

西南联大
1937—1946

文学课

朱自清
等……………著

苏州新闻出版集团
古吴轩出版社

图书在版编目（CIP）数据

西南联大文史通识讲. 文学课 / 朱自清等著. -- 苏州 ：古吴轩出版社，2023.7
ISBN 978-7-5546-2163-9

Ⅰ．①西… Ⅱ．①朱… Ⅲ．①文史—高等学校—教材 ②中国文学—文学史—高等学校—教材 Ⅳ．①C43 ②I209

中国国家版本馆CIP数据核字（2023）第116291号

责任编辑：顾　熙
见习编辑：胡　玥
策　划：村　上　牛宏岩
装帧设计：言　成

书　名：西南联大文史通识讲·文学课
著　者：朱自清等
出版发行：苏州新闻出版集团
　　　　　古吴轩出版社
　　　　　地址：苏州市八达街118号苏州新闻大厦30F
　　　　　电话：0512-65233679　　　邮编：215123
出 版 人：王乐飞
印　刷：天宇万达印刷有限公司
开　本：880×1230　　1/32
印　张：8
字　数：172千字
版　次：2023年7月第1版
印　次：2023年7月第1次印刷
书　号：ISBN 978-7-5546-2163-9
定　价：46.00元

如有印装质量问题，请与印刷厂联系。0318-5302229

　　《史》《汉》可以说是各自成家。《史记》"文直而事核",《汉书》"文赡而事详"。司马迁感慨多,微情妙旨,时在文字蹊径之外;《汉书》却一览之余,情词俱尽。

——朱自清《〈史记〉〈汉书〉》

千竿倚竹座虚
新丛士诗书远真

　　后两晋名士之生活风格及兴趣，全是任达派之流裔，在文学上亦承
任达之风。故论此时文学，首当注意其生活态度，然后再观所反映之文
学。此时文人之心性犹相去不远，晋以后则日趋日远矣。

——罗庸《论阮籍、嵇康》

　　凡诗中称大家者必具以下之特点：（1）笔调不限于一方面，能变化其笔调而写各种形式与题材；（2）大家诗风格有矛盾时，原因有二可能，其一为自身未能融会成纯一风格，其二为自身经验丰富，境遇变迁极多，因而能臻于上乘。

——罗庸《唐诗及盛唐诗人》

　　《西厢记》不是一部闲书，因为它并不单是提供勾栏里面演出娱乐消遣的东西，这里面有血有泪，展示了在封建礼教的压迫下，一对青年男女，如何为了追求自由幸福的生活而斗争，终于达到完全胜利的、符合人民大众愿望的喜剧效果。

——浦江清《〈西厢记〉的思想性与艺术性》

　　《水浒传》直接描写当时的现实政治，直接描写当时的社会生活，直接描写当时的阶级斗争。《水浒传》以火一般的愤怒之情揭露了当时封建统治阶级怎样欺压良民、迫害人民的罄竹难书的罪行。

　　　　　　　——浦江清《〈水浒传〉是反映农民起义的小说》

　　《红楼梦》以爱情故事为线索而描写了一个贵族家庭的生活，一个贵族家庭的形形色色和各个角落。作者深刻地批判了这个贵族家庭生活的糜烂，指出这个家庭没落与崩溃的必然性。

——浦江清《红楼梦（节选）》

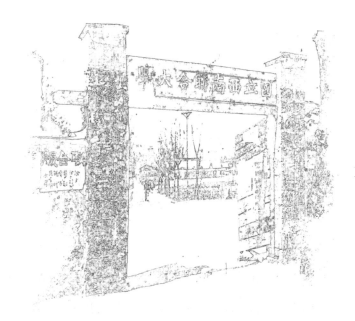

一　先秦文学讲

1937
—
1946

《周易》 朱自清

　　在人家门头上，在小孩的帽饰上，我们常见到八卦那种东西。八卦是圣物，放在门头上，放在帽饰里，是可以辟邪的。辟邪还只是它的小神通，它的大神通在能够因往知来，预言吉凶。算命的、看相的、卜课的，都用得着它。他们普通只用五行生克的道理就够了，但要详细推算，就得用阴阳和八卦的道理。八卦及阴阳五行和我们非常熟习，这些道理直到现在还是我们大部分人的信仰，我们大部分人的日常生活不知不觉之中教这些道理支配着。行人不至，谋事未成，财运欠通，婚姻待决，子息不旺，乃至种种疾病疑难，许多人都会去求签问卜，算命看相，可见影响之大。讲五行的经典，现在有《尚书·洪范》，讲八卦的便是《周易》。

　　八卦相传是伏羲氏画的。另一个传说却说不是他自出心裁画的。那时候有匹龙马从黄河里出来，背着一幅图，上面便是八卦，伏羲只照着描下来罢了。但这因为伏羲是圣人，那时代是圣世，天才派了龙马赐给他这件圣物。所谓"河图"，便是这个。那讲五行的《洪范》，据说也是大禹治水时在洛水中从一只神龟背上得着的，也出于天赐。所谓"洛书"，便是那个。但这些神怪的故事显然是八卦和五行的宣传家造出来抬高这两种学说的地位的。伏羲氏恐怕压根儿就没有这个人，他只是秦汉间儒家假托的圣王。至于八卦，大概是有了筮法以后才有的。商民族是用龟的腹甲或牛的胛骨卜吉凶，他们先在甲骨上钻一下，再用火灼；甲骨经火，有裂痕，便是兆象，卜官细看兆象，断定吉凶；然后便将卜的人、卜的日子、卜的问句等用刀笔刻在甲骨上。这便是卜辞。卜辞里并没有阴阳的观念，也没有八卦的痕迹。

卜法用牛骨最多，用龟甲是很少的。商代农业刚起头，游猎和畜牧还是主要的生活方式。那时牛骨头不缺少，到了周代，渐渐脱离游牧时代，进到农业社会了。牛骨头便没有那么容易得了。这时候却有了筮法，作为卜法的辅助。筮法只用些蓍草，那是不难得的。蓍草是一种长寿草，古人觉得这草和老年人一样，阅历多了，知道的也就多了，所以用它来占吉凶。筮的时候用它的秆子，方法已不能详知，大概是数的。取一把蓍草，数一下看是什么数目，看是奇数还是偶数，也许这便可以断定吉凶。古代人看见数目整齐而又有变化，认为是神秘的东西。数目的连续、循环以及奇偶，都引起人们的惊奇。那时候相信数目是有魔力的，所以巫术里用得着它。——我们一般人直到现在，还嫌恶奇数，喜欢偶数，该是那些巫术的遗迹。那时候又相信数目是有道理的，所以哲学里用得着它。我们现在还说，凡事都有定数，这就是前定的意思；这是很古的信仰了。人生有数，世界也有数，数是算好了的一笔账；用现在的话说，便是机械的。数又是宇宙的架子，如说"太极生两仪，两仪生四象"①，就是一生二、二生四的意思。筮法可以说是一种巫术，是靠了数目来判断吉凶的。

八卦的基础便是一、二、三的数目。整画"—"是一；断画"--"是二；三画叠而成卦是☰。这样配出八个卦，便是☰☱☲☳☶☵☴☷；乾、兑、离、震、艮、坎、巽、坤，是这些卦的名字。那整画、断画的排列，也许是在排列着蓍草时触悟出来的。八卦到底太简单了，后来便将这些卦重起来，两卦重作一个，按照算学里错列与组合的必然，成了六十四卦，就是《周易》里的卦数。蓍草的应用，也许起于民间；但八卦的创制，六十四卦的推演，巫与卜官大约是重要的脚色。古代巫与卜官同时也就是史官，一切的记载，一切的档案，都掌管在他们手里。他们是当时知识的权威，参加创卦或重卦的工作是可能的。筮法比卜法简便得多，但起初人们并不十分信任它。直到春秋时候，还有"筮短龟长"②的话。那些时代，大概小事才用筮，大事还得用卜的。

筮法袭用卜法的地方不少。卜法里的兆象，据说有一百二十体，每一体都有十条断定吉凶的"颂"辞③。这些是现成的辞。但兆象是自然地灼出来的，有时不能凑合到那一百二十体里去，便得另造新辞。筮法里的六十四卦，就相当于一百二十体的兆象。那断定吉凶的辞，原叫作繇辞，"繇"是抽出来的意思。《周易》

---

① 二语见《易·系辞》。太极是混沌的元气，两仪是天地，四象是日月星辰。
② 《左传·僖公·四年》。
③ 《周礼·春官·大卜》。

里一卦有六画，每画叫作一爻——六爻的次序是由下向上数的。繇辞有属于卦的总体的，有属于各爻的；所以后来分称为卦辞和爻辞。这种卦、爻辞也是卜筮官的占筮纪录，但和甲骨卜辞的性质不一样。

从卦、爻辞里的历史故事和风俗制度看，我们知道这些是西周初叶的纪录，纪录里好些是不联贯的，大概是几次筮辞并列在一起的缘故。那时卜筮官将这些卦、爻辞按着卦、爻的顺序编辑起来，便成了《周易》这部书。"易"是"简易"的意思，是说筮法比卜法简易的意思。本来呢，卦数既然是一定的，每卦每爻的辞又是一定的，检查起来，引申推论起来，自然就"简易"了。不过这只在当时的卜筮官如此。他们熟习当时的背景，卦、爻辞虽"简"，他们却觉得"易"。到了后世就不然了，筮法久已失传，有些卦、爻辞简直就看不懂了。《周易》原只是当时一部切用的筮书。

《周易》现在已经变成了儒家经典的第一部，但早期的儒家还没注意这部书。孔子是不讲怪、力、乱、神的。《论语》里虽有"五十以学《易》，可以无大过矣"的话，但另一个本子作"五十以学，亦可以无大过矣"①，所以这句话是很可疑的。孔子只教学生读《诗》《书》和《春秋》，确没有教读《周易》。《孟子》称引《诗》《书》，也没说到《周易》。《周易》变成儒家的经典，是在战国末期。那时候阴阳家的学说盛行，儒家大约受了

---

① 《古论语》作"易"，《鲁论语》作"亦"。

他们的影响，才研究起这部书来。那时候道家的学说也盛行，也从另一面影响了儒家。儒家就在这两家学说的影响之下，给《周易》的卦、爻辞作了种种新解释。这些新解释并非在忠实地、确切地解释卦、爻辞，其实倒是借着卦、爻辞发挥他们的哲学。这种新解释存下来的，便是所谓《易传》。

《易传》中间较有系统的是彖辞和象辞。彖辞断定一卦的涵义——"彖"就是"断"的意思。象辞推演卦和爻的象，这个"象"字相当于现在所谓"观念"。这个字后来成为解释《周易》的专门名词。但彖辞断定的涵义，象辞推演的观念，其实不是真正从卦、爻里探究出来的；那些只是作传的人附会在卦、爻上面的。这里面包含着多量的儒家伦理思想和政治哲学，象辞的话更有许多和《论语》相近的。但说到"天"的时候，不当作有人格的上帝，而只当作自然的道，却是道家的色彩了。这两种传似乎是编纂起来的，并非一人所作。此外有《文言》和《系辞》。《文言》解释乾坤两卦；《系辞》发挥宇宙观、人生观，偶然也有分别解释卦、爻的话。这些似乎都是抱残守缺，汇集众说而成。到了汉代，又新发现了《说卦》《序卦》《杂卦》三种传。《说卦》推演卦象，说明某卦的观念象征着自然界和人世间的某些事物，譬如乾卦象征着天，又象征着父之类。《序卦》说明六十四卦排列先后的道理。《杂卦》比较各卦意义的同异之处。这三种传据说是河内一个女子在什么地方找着的，后来称为《逸易》；其实也许就是汉代人作的。

八卦原只是数目的巫术，这时候却变成数目的哲学了。那整画"—"是奇数，代表天，那断画"--"是偶数，代表地。奇数是阳数，偶数是阴数；阴阳的观念是从男女来的。有天地，不能没有万物，正和有男女就有子息一样，所以三画才能成一卦。卦是表示阴阳变化的；《周易》的"易"，也便是变化的意思。为什么要八个卦呢？这原是算学里错列与组合的必然，但这时候却想着是万象的分类。乾是天，是父等；坤是地，是母等；震是雷，是长子等；巽是风，是长女等；坎是水，是心病等；离是火，是中女等；艮是山，是太监等；兑是泽，是少女等。这样，八卦便象征着也支配着整个的大自然，整个的人间世了。八卦重为六十四卦，卦是复合的，卦象也是复合的，作用便更复杂、更具体了。据说伏羲、神农、黄帝、尧、舜一班圣人看了六十四卦的象，悟出了种种道理，这才制造了器物，建立了制度、耒耜以及文字等等东西，"日中为市"等等制度，都是他们从六十四卦推演出来的。

这个观象制器的故事，见于《系辞》。《系辞》是最重要的一部《易传》。这传里借着八卦和卦、爻辞发挥着的融合儒道的哲学，和观象制器的故事，都大大地增加了《周易》的价值，抬高了它的地位。《周易》的地位抬高了，关于它的传说也就多了。《系辞》里只说伏羲作八卦；后来的传说却将重卦的，作卦、爻辞的，作《易传》的人，都补出来了。但这些传说都比较晚，所以有些参差，不尽能像"伏羲画卦说"那样成为定论。重卦的人，有说是伏羲的，有说是神农的，有说是文王的。卦、爻辞有说全是文王作的，有说爻辞是周公作的，有说全是孔子作的。《易传》却都说是孔子作的。这些都是圣人。《周易》的经传都出于圣人之手，所以和儒家所谓道统关系特别深切；这成了他们一部传道的书。所以到了汉代，便已跳到"六经"之首了[①]。但另一面，阴阳八卦与五行结合起来，三位一体地演变出后来医卜、星相种种迷信，种种花样，支配着一般民众，势力也非常雄厚。这里面儒家的影响却很少了，大部分还是《周易》原来的卜筮传统的力量。儒家的《周易》是哲学化了的，民众的《周易》倒是巫术的本来面目。

---

① 《庄子·天运》篇和《天下》篇所说《六经》的次序是：《诗》《书》《礼》《乐》《易》《春秋》，到了《汉书·艺文志》，便成了《易》《书》《诗》《礼》《乐》《春秋》了。

《尚书》 朱自清

　　《尚书》是中国最古的记言的历史。所谓记言，其实也是记事，不过是一种特别的方式罢了。记事比较的是间接的，记言比较的是直接的。记言大部分照说的话写下来，虽然也须略加剪裁，但是尽可以不必多费心思。记事需要化自称为他称，剪裁也难，费的心思自然要多得多。

　　中国的记言文是在记事文之先发展的。商代甲骨卜辞大部分是些问句，记事的话不多见。两周金文也还多以记言为主。直到战国时代，记事文才有了长足的进展。古代言文大概是合一的，说出的、写下的都可以叫作"辞"。卜辞我们称为"辞"，《尚书》的大部分其实也是"辞"。我们相信这些辞都是当时的"雅言"①，就是当时的官话或普通话。但传到后世，这种官话或普通话却变成佶屈聱牙的古语了。

　　《尚书》包括虞、夏、商、周四代；大部分是号令，就是向大众宣布的话，小部分是君臣相告的话。也有记事的，可是照近

---

　　① "雅言"见《论语·述而》。

人的说数，那记事的几篇，大都是战国末年人的制作，应该分别地看。那些号令多称为"誓"或"诰"，后人便用"誓""诰"的名字来代表这一类。平时的号令叫"诰"，有关军事的叫"誓"。君告臣的话多称为"命"；臣告君的话却似乎并无定名，偶然有称为"谟"①的。这些辞有的是当代史官所记，有的是后代史官追记。当代史官也许根据亲闻，后代史官便只能根据传闻了。这些辞原来似乎只是说的话，并非写出的文告；史官纪录，意在存作档案，备后来查考之用。这种古代的档案，想来很多，留下来的却很少。汉代传有《书序》，来历不详，也许是周秦间人所作。有人说，孔子删《书》为百篇，每篇有序，说明作意。这却缺乏可信的证据。孔子教学生的典籍里有《书》，倒是真的。那时代的《书》是个什么样子，已经无从知道。"书"原是纪录的意思②；大约那所谓"书"只是指当时留存着的一些古代的档案而言；那些档案恐怕还是一件件的，并未结集成书。成书也许是在汉人手里。那时候这些档案留存着的更少了，也更古了，更稀罕了；汉人便将它们编辑起来，改称《尚书》。"尚"，"上"也；《尚书》据说就是"上古帝王的书"③。"书"上加一"尚"字，无疑的是表示着尊信的意味。至于《书》称为"经"，始于《荀子》④，不过也是到汉代才普遍罢了。

---

① 《说文》言部："谟，议谋也。"
② 《说文》书部："书，著也。"
③ 《论衡·正说篇》。
④ 《劝学篇》。

儒家所传的"五经"中,《尚书》残缺最多,因而问题也最多。秦始皇烧天下诗书及诸侯史记,并禁止民间私藏一切书。到汉惠帝时,才开了书禁;文帝接着更鼓励人民献书。书才渐渐见得着了。那时传《尚书》的只有一个济南伏生[①]。伏生本是秦博士。始皇下诏烧诗书的时候,他将《书》藏在墙壁里。后来兵乱,他流亡在外。汉定天下,才回家;检查所藏的《书》,已失去数十篇,剩下的只二十九篇了。他就守着这一些,私自教授于齐鲁之间。文帝知道了他的名字,想召他入朝。那时他已九十多岁,不能远行到京师去。文帝便派掌故官晁错来从他学。伏生私人的教授,加上朝廷的提倡,使《尚书》流传开去。伏生所藏的本子是用"古文"写的,还是用秦篆写的,不得而知;他的学生却只用当时的隶书钞录流布。这就是东汉以来所谓《今尚书》或《今文尚书》。汉武帝提倡儒学,立五经博士;宣帝时每经又都分家数立官,共立了十四博士。每一博士各有弟子员若干人。每家有所谓"师法"或"家法",从学者必须严守。这时候经学已成利禄的途径,治经学的自然就多起来了。《尚书》也立下欧阳(和伯)、大小夏侯(夏侯胜、夏侯建)三博士,却都是伏生一派分出来的。当时去伏生已久,传经的儒者为使人尊信的缘故,竟有硬说《尚书》完整无缺的。他们说,二十九篇是取法天象的,一座北斗星加上二十八宿,不正是二十九吗![②]这二十九篇,

---

① 裴骃《史记集解》引张晏曰:"伏生名胜,《伏氏碑》云。"
② 《论衡·正说篇》。

东汉经学大师马融、郑玄都给作过注；可是那些注现在差不多亡失干净了。

　　汉景帝时，鲁恭王为了扩展自己的宫殿，去拆毁孔子的旧宅。在墙壁里得着"古文"经传数十篇，其中有《书》。这些经传都是用"古文"写的；所谓"古文"，其实只是晚周民间别体字。那时恭王肃然起敬，不敢再拆房子，并且将这些书都交还孔家的主人——孔子的后人叫孔安国的。安国加以整理，发现其中的《书》比通行本多出十六篇；这称为《古文尚书》。武帝时，安国将这部书献上去。因为语言和字体的两重困难，一时竟无人能通读那些"逸书"，所以便一直压在皇家图书馆里。成帝时，刘向、刘歆父子先后领校皇家藏书。刘向开始用《古文尚书》校勘今文本子，校出今文脱简及异文各若干。哀帝时，刘歆想将《左氏春秋》《毛诗》《逸礼》及《古文尚书》立博士；这些都是所谓"古文"经典。当时的五经博士不以为然，刘歆写了长信和他们争辩。①这便是后来所谓今古文之争。

　　今古文之争是西汉经学一大史迹。所争的虽然只在几种经书，他们却以为关系孔子之道即古代圣帝明王之道甚大。"道"其实也是幌子，骨子里所争的还在禄位与声势；当时今古文派在这一点上是一致的。不过两派的学风确也有不同处。大致今文派继承先秦诸子的风气，"思以其道易天下"②，所以主张通经致用。

---

① 《汉书》本传。
② 语见章学诚《文史通义·言公》上。

他们解经，只重微言大义；而所谓微言大义，其实只是他们自己的历史哲学和政治哲学。古文派不重哲学而重历史，他们要负起保存和传布文献的责任；所留心的是在章句、训诂、典礼、名物之间。他们各得了孔子的一端，各有偏畸的地方。到了东汉，书籍流传渐多，民间私学日盛。私学压倒了官学，古文经学压倒了今文经学；学者也以兼通为贵，不再专主一家。但是这时候"古文"经典中《逸礼》即《礼》古经已经亡佚，《尚书》之学，也不昌盛。

东汉初，杜林曾在西州（今新疆境）得漆书《古文尚书》一卷，非常宝爱，流离兵乱中，老是随身带着。他是怕"《古文尚书》学"会绝传，所以这般珍惜。当时经师贾逵、马融、郑玄都给那一卷《古文尚书》作注，从此《古文尚书》才显于世。[①]原来"《古文尚书》学"直到贾逵才真正开始，从前是没有什么师说的。而杜林所得只一卷，决不如孔壁所出的多。学者竟爱重到那般地步。大约孔安国献的那部《古文尚书》，一直埋没在皇家图书馆里，民间也始终没有盛行，经过西汉末年的兵乱，便无声无臭地亡失了罢。杜林的那一卷，虽经诸大师作注，却也没传到后世；这许又是三国兵乱的缘故。《古文尚书》的运气真够坏的，不但没有能够露头角，还一而再地遭到了些冒名顶替的事儿。这在西汉就有。汉成帝时，因孔安国所献的《古文尚书》无人通晓，下诏征求能够通晓的人。东莱有个张霸，不知孔壁的书还在，便

---

① 《后汉书·杨伦传》。

根据《书序》，将伏生二十九篇分为数十，作为中段，又采《左氏传》及《书序》所说，补作首尾，共成《古文尚书百二篇》。每篇都很简短，文意又浅陋。他将这伪书献上去。成帝教用皇家图书馆藏着的孔壁《尚书》对看，满不是的。成帝便将张霸下在狱里，却还存着他的书，并且听它流传世间。后来张霸的再传弟子樊并谋反，朝廷才将那书毁废；这第一部伪《古文尚书》就从此失传了。

　　到了三国末年，魏国出了个王肃，是个博学而有野心的人。他伪作了《孔子家语》《孔丛子》①，又伪作了一部孔安国的《古文尚书》，还带着孔安国的传。他是个聪明人，伪造这部《古文尚书》孔传，是很费了心思的。他采辑群籍中所引"逸书"，以及历代嘉言，改头换面，巧为联缀，成功了这部书。他是参照汉儒的成法，先将伏生二十九篇分割为三十三篇，另增多二十五篇，共五十八篇②，以合于东汉儒者如桓谭、班固所记的《古文尚书》篇数。所增各篇，用力阐明儒家的"德治主义"，满纸都是仁义道德的格言。这是汉武帝罢黜百家、专崇儒学以来的正统思想，所谓大经大法，足以取信于人。只看宋以来儒者所口诵心维的"十六字心传"③，正在他伪作的《大禹谟》里，便见出这部伪书影响之大。其实《尚书》里的主要思想，该是"鬼治主义"，

---

① 《孔子家语》托名孔安国，《孔丛子》托名孔鲋。

② 桓谭《新论》作五十八，《汉书·艺文志》自注作五十七。

③ 见真德秀《大学衍义》。所谓十六字是："人心惟危，道心惟微，惟精惟一，允执厥中。"在伪《大禹谟》里，是舜对禹的话。

像《盘庚》等篇所表现的。"原来西周以前，君主即教主，可以唯所欲为，不受什么政治道德的拘束。逢到臣民不听话的时候，只要抬出上帝和先祖来，自然一切解决。"这叫作"鬼治主义"。

"西周以后，因疆域的开拓、交通的便利、富力的增加，文化大开。自孔子以至荀卿、韩非，他们的政治学说都建筑在人性上面。尤其是儒家，把人性扩张得极大。他们觉得政治的良好只在诚信的感应；只要君主的道德好，臣民自然风从，用不到威力和鬼神的压迫。"这叫作"德治主义"①。看古代的档案，包含着"鬼治主义"思想的，自然比包含着"德治主义"思想的可信得多。但是王肃的时代早已是"德治主义"的时代，他的伪书所以专从这里下手。他果然成功了。只是词旨坦明，毫无佶屈聱牙之处，却不免露出了马脚。

晋武帝时候，孔安国的《古文尚书》曾立过博士②；这《古文尚书》大概就是王肃伪造的。王肃是武帝的外祖父，当时即使有怀疑的人，也不敢说话。可是后来经过怀帝永嘉之乱，这部伪书也散失了，知道的人很少。东晋元帝时，豫章内史梅赜发现了它，便拿来献到朝廷上去。这时候伪《古文尚书》孔传便和马、郑注的《尚书》并行起来了。大约北方的学者还是信马、郑的多，南方的学者才是信伪孔的多。等到隋统一了天下，南学压倒了北学，马、郑《尚书》，习者渐少。唐太宗时，因章句繁杂，

---

① 以上引顾颉刚《〈盘庚〉中篇今译》（《古史辨》第二册）。
② 《晋书·荀崧传》。

诏令孔颖达等编撰《五经正义》；高宗永徽四年（公元653年），颁行天下，考试必用此本。《正义》成了标准的官书，经学从此大统一。那《尚书正义》便用的伪《古文尚书》孔传。伪孔定于一尊，马、郑便更没人理睬了；日子一久，自然就残缺了，宋以来差不多就算亡了。伪《古文尚书》孔传如此这般冒名顶替了一千年，直到清初的时候。

这一千年中间，却也有怀疑伪《古文尚书》孔传的人。南宋的吴棫首先发难。他有《书裨传》十三卷①，可惜不传了。朱子因孔安国的"古文"字句皆完整，又平顺易读，也觉得可疑。②但是他们似乎都还没有去找出确切的证据。至少朱子还不免疑信参半；他还采取伪《大禹谟》里"人心""道心"的话解释"四书"，建立道统呢。元代的吴澄才断然地将伏生今文从伪古文分出；他的《尚书纂言》只注解今文，将伪古文除外。明代梅鷟著《尚书考异》，更力排伪孔，并找出了相当的证据。但是严密钩稽、决疑定谳的人，还得等待清代的学者。这里该提出三个可尊敬的名字。第一是清初的阎若璩，著《古文尚书疏证》。第二是惠栋，著《古文尚书考》。两书辨析详明，证据确凿，教伪孔体无完肤，真相毕露。但将作伪的罪名加在梅赜头上，还不免未达一间。第三是清中叶的丁晏，著《尚书余论》，才将真正的罪人王肃指出。千年公案，从此可以定论。这以后等着动手的，便是

① 陈振孙《直斋书录解题》四。
② 见《朱子语类》七十八。

搜辑汉人的伏生《尚书》说和马、郑注。这方面努力的不少，成绩也斐然可观；不过所能做到的，也只是抱残守缺的工作罢了。伏生《尚书》从千年迷雾中重露出真面目，清代诸大师的劳绩是不朽的。但二十九篇固是真本，其中也还该分别地看。照近人的意见，《周书》大都是当时史官所记，只有一二篇像是战国时人托古之作。《商书》究竟是当时史官所记，还是周史官追记，尚在然疑之间。《虞夏书》大约多是战国末年人托古之作，只《甘誓》那一篇许是后代史官追记的。这么着，《今文尚书》里便也有了真伪之分了。

"三礼" 朱自清

　　许多人家的中堂里，供奉着"天地君亲师"的大牌位。天地代表生命的本源。亲是祖先的意思，祖先是家族的本源。君师是政教的本源。人情不能忘本，所以供奉着这些。荀子只称这些为礼的三本[①]，大概是到了后世才宗教化了的。荀子是儒家大师。儒家所称道的礼，包括政治制度、宗教仪式、社会风俗习惯等等，却都加以合理的说明。从那"三本说"，可以知道儒家有拿礼来包罗万象的野心，他们认礼为治乱的根本；这种思想可以叫作礼治主义。

　　怎样叫作礼治呢？儒家说初有人的时候，各人有各人的欲望，各人都要满足自己的欲望，没有界限，没有分际，大家就争起来了。你争我争，社会就乱起来了。那时的君师们看了这种情形，就渐渐给定出礼来，让大家按着贵贱的等级、长幼的次序，各人得着自己该得的一份儿吃的、喝的、穿的、住的，各人也做着自己该做的一份儿工作。各等人有各等人的界限和分际；若是

────────────

[①] 《礼论篇》。

只顾自己，不管别人，任性儿贪多务得，偷懒图快活，这种人就得受严厉的制裁，有时候保不住性命。这种礼，教人节制，教人和平，建立起社会的秩序，可以说是政治制度。

天生万物，是个很古的信仰。这个天是个能视能听的上帝，管生杀，管赏罚。在地上的代表，便是天子。天子祭天，和子孙祭祖先一样。地生万物是个事实。人都靠着地里长的活着，地里长的不够了，便闹饥荒；地的力量自然也引起了信仰。天子诸侯祭社稷，祭山川，都是这个来由。最普遍的还是祖先的信仰。直到我们的时代，这个信仰还是很有力的。按儒家说，这些信仰都是"报本返始"①的意思。报本返始是庆幸生命的延续，追念本源，感恩怀德，勉力去报答的意思。但是这里面怕不单是怀德，还有畏威的成分。感谢和恐惧产生了种种祭典。儒家却只从感恩一面加以说明，看作礼的一部分。但这种礼教人恭敬，恭敬便是畏威的遗迹了。儒家的丧礼，最主要的如三年之丧，也建立在感恩的意味上；却因恩谊的亲疏，又定出等级差别来。这种礼，大部分可以说是宗教仪式。

居丧一面是宗教仪式，一面是普通人事。普通人事包括一切日常生活而言。日常生活都需要秩序和规矩。居丧以外，如婚姻、宴会等大事，也各有一套程序，不能随便马虎过去；这样是表示郑重，也便是表示敬意和诚心。至于对人，事君，事父母，待兄弟姊妹，待子女，以及夫妇朋友之间，也都自有一番道理。

---

① 《礼记·郊特牲》。

按着尊卑的分际，各守各的道理，君仁臣忠，父慈子孝，兄友弟恭，夫妇朋友互相敬爱，才算能做人；人人能做人，天下便治了。就是一个人饮食言动，也都该有个规矩，别叫旁人难过，更别侵犯着旁人，反正诸事都记着自己的份儿。这些个规矩也是礼的一部分；有些固然含着宗教意味，但大部分可以说是风俗习惯。这些风俗习惯有一些也可以说是生活的艺术。

王道不外乎人情，礼是王道的一部分，按儒家说是通乎人情的。①既通乎人情，自然该诚而不伪了。但儒家所称道的礼，并不全是实际施行的。有许多只是他们的理想，这种就不一定通乎人情了。就按那些实际施行的说，每一个制度、仪式或规矩，固然都有它的需要和意义。但是社会情形变了，人的生活跟着变；人的喜、怒、爱、恶虽然还是喜、怒、爱、恶，可是对象变了。那些礼的惰性却很大，并不跟着变。这就留下了许许多多遗形物，没有了需要，没有了意义；不近人情的伪礼，只会束缚人。《老子》里攻击礼，说"有了礼，忠信就差了"②；后世有些人攻击礼，说"礼不是为我们定的"③；近来大家攻击礼教，说"礼教是吃人的"。这都是指着那些个伪礼说的。

从来礼乐并称，但乐实在是礼的一部分。乐附属于礼，用来补助仪文的不足。乐包括歌和舞，是"人情之所必不免"④的。

---

① 原文见《礼记·乐记》。

② 原文见《老子》三十八章。

③ 阮籍语，原文见《世说新语·任诞》。

④ 《荀子·乐论篇》，《礼记·乐记》。

不但是"人情之所必不免",而且乐声的绵延和融和也象征着天地万物的"流而不息,合同而化"①。这便是乐本。乐教人平心静气,互相和爱,教人联合起来,成为一整个儿。人人能够平心静气,互相和爱,自然没有贪欲、捣乱、欺诈等事,天下就治了。乐有改善人心、移风易俗的功用,所以与政治是相通的。按儒家说,礼、乐、刑、政,到头来只是一个道理;这四件都顺理成章了,便是王道。这四件是互为因果的。礼坏乐崩,政治一定不成;所以审乐可以知政②。"治世之音安以乐,其政和;乱世之音怨以怒,其政乖;亡国之音哀以思,其民困。"③吴公子季札到鲁国观乐,乐工奏哪一国的乐,他就知道是哪一国的;他是从乐歌里所表现的政治气象而知道的④。歌词就是诗,诗与礼、乐也是分不开的。孔子教学生要"兴于诗,立于礼,成于乐"⑤;那时要养成一个人才,必须学习这些。这些诗、礼、乐,在那时代都是贵族社会所专有,与平民是无干的。到了战国,新声兴起,古乐衰废,听者只求悦耳,就无所谓这一套乐意。汉以来胡乐大行,那就更说不到了。

古代似乎没有关于乐的经典,只有《礼记》里的《乐记》,是抄录儒家的《公孙尼子》等书而成,原本已经是战国时代的东西了。关于礼,汉代学者所传习的有三种经和无数的"记"。

---

① 《礼记·乐记》。
② 《礼记·乐记》。
③ 《礼记·乐记》。
④ 《左传·襄公·二十九年》。
⑤ 《论语·泰伯》。

那三种经是《仪礼》《礼古经》《周礼》。《礼古经》已亡佚，《仪礼》和《周礼》相传都是周公作的。但据近来的研究，这两部书实在是战国时代的产物。《仪礼》大约是当时实施的礼制，但多半只是士的礼。那些礼是很繁琐的，踵事增华的多，表示诚意的少，已经不全是通乎人情的了。《仪礼》可以说是宗教仪式和风俗习惯的混合物，《周礼》却是一套理想的政治制度。那些制度的背景可以看出是战国时代；但组成了整齐的系统，便是著书人的理想了。

"记"是儒家杂述礼制、礼制变迁的历史，或礼论之作；所述的礼制有实施的，也有理想的。又叫作《礼记》，这《礼记》是一个广泛的名称。这些"记"里包含着《礼古经》的一部分。汉代所见的"记"很多，但流传到现在的只有三十八篇《大戴记》和四十九篇《小戴记》。后世所称《礼记》，多半专指《小戴记》说。大戴是戴德；小戴是戴圣，戴德的侄儿。相传他们是这两部书的编辑人。但二戴都是西汉的《仪礼》专家。汉代有五经博士；凡是一家一派的经学影响大的，都可以立博士。大戴仪礼学后来立了博士，小戴本人就是博士。汉代经师的家法最严，一家的学说里绝不能掺杂别家。但现存的两部"记"里都各掺杂着非二戴的学说。所以有人说这两部书是别人假托二戴的名字纂辑的；至少是二戴原书多半亡佚，由别人拉杂凑成的——可是成书也还在汉代。这两部书里，《小戴记》容易些，后世诵习的人比较多些；所以差不多专占了《礼记》的名字。

"春秋三传" 朱自清

"春秋"是古代记事史书的通称。古代朝廷大事，多在春、秋二季举行，所以记事的书用这个名字。各国有各国的"春秋"，但是后世都不传了。传下的只有一部《鲁春秋》,《春秋》成了它的专名，便是《春秋经》了。传说这部《春秋》是孔子作的，至少是他编的。鲁哀公十四年（公元前481年），鲁西有猎户打着一只从没有见过的独角怪兽，想着定是个不祥的东西，将它扔了。这个新闻传到了孔子那里，他便去看。他一看，就说："这是麟啊！为谁来的呢？干什么来的呢？唉唉！我的道不行了！"说着流下泪来，赶忙将袖子去擦，泪点儿却已滴到衣襟上。原来麟是个仁兽，是个祥瑞的东西；圣帝明王在位，天下太平，它才会来，不然是不会来的。可是那时代哪有圣帝明王？天下正乱纷纷的，麟来得真不是时候，所以让猎户打死，它算是倒了运了。

孔子这时已经年老，也常常觉着生得不是时候，不能行道。他为周朝伤心，也为自己伤心。看了这只死麟，一面同情它，一面也引起自己的无限感慨。他觉着生平说了许多教，当世的人君总不信他，可见空话不能打动人。他发愿修一部《春秋》，要让人从具体的事例里，得到善恶的教训，他相信这样得来的教训比抽象的议论深切著明得多。他觉得修成了这部《春秋》，虽然不能行道，也算不白活一辈子。这便动起手来，九个月书就成功了。书起于鲁隐公，终于获麟；因获麟有感而作，所以叙到获麟绝笔，是纪念的意思。但是《左传》里所载的《春秋经》，获麟后还有，而且在记了"孔子卒"的哀公十六年（公元前479年）后还有：据说那却是他的弟子们续修的了。

　　这个故事虽然够感伤的，但我们从种种方面知道，它却不是真的。《春秋》只是鲁国史官的旧文，孔子不曾掺进手去。《春秋》可是一部信史，里面所记的鲁国日食，有三十次和西方科学家所推算的相合，这决不是偶然的。不过书中残阙、零乱和后人增改的地方，都很不少。书起于隐公元年，到哀公十四年止，共二百四十二年（公元前722至前481年）；后世称这二百四十二年为春秋时代。书中纪事按年月日，这叫作编年。编年在史学上是个大发明，这教历史系统化，并增加了它的确实性。《春秋》是我国现存的第一部编年史。书中虽用鲁国纪元，所记的却是各国的事，所以也是我们第一部通史。所记的齐桓公、晋文公的霸迹最多；后来说"尊王攘夷"是《春秋》大义，便是从这里着眼。

　　古代史官记事，有两种目的：一是征实，二是劝惩。像晋国董狐不怕权势，记"赵盾弑其君"①，齐国太史记"崔杼弑其

---

① 《左传·宣公·二年》。

君"①，虽杀身不悔，都为的是征实和惩恶，作后世的鉴戒。但是史文简略，劝惩的意思有时不容易看出来，因此便需要解说的人。《国语》记楚国申叔时论教太子的科目，有"春秋"一项，说"春秋"有奖善惩恶的作用，可以戒劝太子的心。孔子是第一个开门授徒，拿经典教给平民的人，《鲁春秋》也该是他的一种科目。关于劝惩的所在，他大约有许多口义传给弟子们。他死后，弟子们散在四方，就所能记忆的又教授开去。《左传》《公羊传》《穀梁传》，所谓"春秋三传"里，所引孔子解释和评论的话，大概就是捡的这一些。

三传特别注重《春秋》的劝惩作用，征实与否，倒在其次。按三传的看法，《春秋》大义可以从两方面说：明辨是非，分别善恶，提倡德义，从成败里见教训，这是一；夸扬霸业，推尊周室，亲爱中国，排斥夷狄，实现民族大一统的理想，这是二。前者是人君的明鉴，后者是拨乱反正的程序。这都是王道。而敬天事鬼，也包括在王道里。《春秋》里记灾，表示天罚；记鬼，表示恩仇；也还是劝惩的意思。古代记事的书常夹杂着好多的迷信和理想，《春秋》也不免如此。三传的看法，大体上是对的。但在解释经文的时候，却往往一个字一个字地咬嚼；这一咬嚼，便不顾上下文穿凿附会起来了。《公羊传》《穀梁传》，尤其如此。

这样咬嚼出来的意义就是所谓"书法"，所谓"褒贬"，也就是所谓"微言"。后世最看重这个。他们说孔子修《春秋》，

---

① 《左传·襄公·二十五年》。

"笔则笔，削则削"①，"笔"是书，"削"是不书，都有大道理在内。又说一字之褒，比教你作王公还荣耀；一字之贬，比将你作罪人杀了还耻辱。本来孟子说过，"孔子成《春秋》而乱臣贼子惧"②，那似乎只指概括的劝惩作用而言。等到褒贬说发展，孟子这句话倒像更坐实了。而孔子和《春秋》的权威也就更大了。后世史家推尊孔子，也推尊《春秋》，承认这种书法是天经地义；但实际上他们却并不照三传所咬嚼出来的那么穿凿附会地办。这正和后世诗人尽管推尊《毛诗传笺》里比兴的解释，实际上却不那样穿凿附会地作诗一样。三传，特别是《公羊传》和《穀梁传》，和《毛诗传笺》，在穿凿解经这件事上是一致的。

三传之中，公羊、穀梁两家全以解经为主，左氏却以叙事为主。公、穀以解经为主，所以咬嚼得更利害些。战国末期，专门解释《春秋》的有许多家，公、穀较晚出而仅存。这两家固然有许多彼此相异之处，但渊源似乎是相同的，他们所引别家的解说也有些是一样的。这两种《春秋》经传经过秦火，多有残阙的地方；到汉景帝、武帝时候，才有经师重加整理，传授给人。公羊、穀梁只是家派的名称，仅存姓氏，名字已不可知。至于他们解经的宗旨，已见上文。《春秋》本是儒家传授的经典，解说的人，自然也离不了儒家，在这一点上，三传是大同小异的。

《左传》这部书，汉代传为鲁国左丘明所作。这个左丘明，

---

① 《史记·孔子世家》。
② 《孟子·滕文公》下。

有的说是"鲁君子"，有的说是孔子的朋友，后世又有说是鲁国的史官的。①这部书历来讨论得最多。汉时有五经博士。凡解说"五经"自成一家之学的，都可立为博士。立了博士，便是官学；那派经师便可做官受禄。当时《春秋》立了公、穀二传的博士。《左传》流传得晚些，古文派经师也给它争立博士。今文派却说这部书不得孔子《春秋》的真传，不如公、穀两家。后来虽一度立了博士，可是不久还是废了。倒是民间传习的渐多，终于大行！原来公、穀不免空谈，《左传》却是一部仅存的古代编年通史（残缺又少），用处自然大得多。《左传》以外，还有一部分国记载的《国语》，汉代也认为左丘明所作，称为《春秋外传》。后世学者怀疑这一说的很多。据近人的研究，《国语》重在"语"，记事颇简略，大约出于另一著者的手，而为《左传》著者的重要史料之一。这书的说教，也不外尚德、尊天、敬神、爱民，和《左传》是很相近的。只不知著者是谁。其实《左传》著者我们也不知道。说是左丘明，但矛盾太多，不能教人相信。《左传》成书的时代大概在战国，比公、穀二传早些。

《左传》这部书大体依《春秋》而作；参考群籍，详述史事，征引孔子和别的"君子"解经评史的言论，吟味书法，自成一家言。但迷信卜筮，所记祸福的预言，几乎无不应验；这却大大违背了征实的精神，而和儒家的宗旨也不合了。晋范宁作《穀

<hr>

① 《史记·十二诸侯年表序》说是"鲁君子"，《汉书·刘歆传》说"亲见夫子""好恶与圣人同"，杜预《春秋序》说是"身为国史"。

梁传序》，说"《左氏》艳而富，其失也巫"。"艳"是文章美；
"富"是材料多；"巫"是多叙鬼神，预言祸福。这是句公平话。
注《左传》的，汉代就不少，但那些许多已散失；现存的只有晋
杜预注，算是最古了。

杜预作《春秋序》，论到《左传》，说"其文缓，其旨
远"。"缓"是委婉，"远"是含蓄。这不但是好史笔，也是好文
笔。所以《左传》不但是史学的权威，也是文学的权威。《左传》
的文学本领，表现在记述辞令和描写战争上。春秋列国，盟会颇
繁，使臣会说话不会说话，不但关系荣辱，并且关系利害，出入
很大，所以极重辞令。《左传》所记当时君臣的话，从容委曲，
意味深长。只是平心静气地说，紧要关头却不放松一步，真所谓
恰到好处。这固然是当时风气如此，但不经《左传》著者的润饰
功夫，也决不会那样在纸上活跃的。战争是个复杂的程序。叙得
头头是道，已经不易；叙得有声有色，更难。这差不多全靠忙中
有闲，透着优游不迫神儿，才成。这却正是《左传》著者所擅
长的。

"四书" 朱自清

　　"四书五经"到现在还是我们口头上一句熟语。"五经"是
《易》《书》《诗》《礼》《春秋》；"四书"按照普通的顺序是《大
学》《中庸》《论语》《孟子》，前二者又简称《学》《庸》，后二
者又简称《论》《孟》；有了简称，可见这些书是用得很熟的。
本来呢，从前私塾里，学生入学，是从"四书"读起的。这是那
些时代的小学教科书，而且是统一的标准的小学教科书，因为没
有不用的。那时先生不讲解，只让学生背诵，不但得背正文，而
且得背朱熹的小注。只要囫囵吞枣地念，囫囵吞枣地背；不懂不
要紧，将来用得着，自然会懂的。怎么说将来用得着？那时候
行科举制度。科举是一种竞争的考试制度，考试的主要科目是八
股文，题目都出在"四书"里，而且是朱注的"四书"里。科举
分几级，考中的得着种种出身或资格，凭着这种资格可以建功立
业，也可以升官发财；作好作歹，都得先弄个资格到手。科举几
乎是当时读书人唯一的出路。每个学生都先读"四书"，而且读
的是朱注，便是这个缘故。

　　将朱注"四书"定为科举用书，是从元仁宗皇庆二年（公元

1313年）起的。规定这四种书，自然因为这些书本身重要，有人人必读的价值；规定朱注，也因为朱注发明书义比旧注好些，切用些。这四种书原来并不在一起，《学》《庸》都在《礼记》里，《论》《孟》是单行的。这些书原来只算是诸子书，朱子原来也只称为"四子"，但《礼记》《论》《孟》在汉代都立过博士，已经都升到经里去了。后来唐代的"九经"里虽然只有《礼记》，宋代的"十三经"却又将《论》《孟》收了进去。①《中庸》很早就被人单独注意，汉代已有关于《中庸》的著作，六朝时也有，可惜都不传了。②关于《大学》的著作却直到司马光的《大学通义》才开始，这部书也不传了。这些著作并不曾教《学》《庸》普及，教《学》《庸》和《论》《孟》同样普及的是朱子的注，"四书"也是他编在一起的，"四书"的名字也因他而有。

但最初用力提倡这几种书的是程颢、程颐兄弟。他们说："《大学》是孔门的遗书，是初学者入德的门径。只有从这部书里，还可以知道古人做学问的程序。从《论》《孟》里虽也可看出一些，但不如这部书的分明易晓。学者必须从这部书入手，才不会走错了路。"③这里没提到《中庸》。可是他们是很推尊《中庸》的。他们在另一处说："'不偏'叫作'中'，'不易'叫作'庸'。'中'是天下的正道，'庸'是天下的定理。《中庸》是孔

---

① "九经"指《易》《书》《诗》，"三礼""春秋三传"。"十三经"指《易》《书》《诗》，"三礼""春秋三传"，《论语》《孝经》《尔雅》《孟子》。

② 《汉书·艺文志》有《中庸说》二篇，《隋书·经籍志》有戴颙《中庸传》二卷，梁武帝《中庸讲疏》一卷。

③ 原文见《大学章句》卷头。

门传授心法的书，是子思记下来传给孟子的。书中所述的人生哲理，意味深长；会读书的细加玩赏，自然能心领神悟终身受用不尽。"[1]这四种书到了朱子手里才打成一片。他接受二程的见解，加以系统的说明，四种书便贯串起来了。

他说，古来有小学、大学。小学里教洒扫进退的规矩和礼、乐、射、御、书、数，所谓"六艺"的。大学里教穷理、正心、修己、治人的道理。所教的都切于民生日用，都是实学。《大学》这部书便是古来大学里教学生的方法，规模大，节目详；而所谓"格物、致知、诚意、正心、修身、齐家、治国、平天下"，是循序渐进的。程子说是"初学者入德的门径"，就是为此。这部书里的道理，并不是为一时一事说的，是为天下后世说的。这是"垂世立教的大典"[2]，所以程子举为初学者的第一部书。《论》《孟》虽然也切实，却是"应机接物的微言"[3]，问的不是一个人，记的也不是一个人。浅深先后，次序既不分明，抑扬可否，用意也不一样，初学者领会较难。所以程子放在第二步。至于《中庸》，是孔门的心法，初学者领会更难，程子所以另论。

但朱子的意思，有了《大学》的提纲挈领，便能领会《论》《孟》里精微的分别去处；融贯了《论》《孟》的旨趣，也便能领会《中庸》里的心法。人有人心和道心：人心是私欲，道心是天理。人该修养道心，克制人心，这是心法。朱子的意思，不领

---

① 原文见《中庸章句》卷头。
② 原文见《中庸章句》卷头。
③ 原文见朱子《大学或问》卷一。

会《中庸》里的心法，是不能从大处着眼，读天下的书，论天下的事的。他所以将《中庸》放在第三步，和《大学》《论》《孟》合为"四书"，作为初学者的基础教本。后来规定"四书"为科举用书，原也根据这番意思。不过朱子教人读"四书"，为的成人；后来人读"四书"，却重在猎取功名；这是不合于他提倡的本心的。至于顺序变为《学》《庸》《论》《孟》，那是书贾因为《学》《庸》篇页不多，合为一本的缘故；通行既久，居然约定俗成了。

　　《礼记》里的《大学》，本是一篇东西，朱子给分成经一章，传十章，传是解释经的。因为要使传合经，他又颠倒了原文的次序，并补上一段儿。他注《中庸》时，虽没有这样大的改变，可是所分的章节，也与郑玄注的不同。所以这两部书的注，称为《大学章句》《中庸章句》。《论》《孟》的注，却是融合各家而成，所以称为《论语集注》《孟子集注》。《大学》的经一章，朱子想着是曾子追述孔子的话；传十章，他相信是曾子的意思，由弟子们记下的。《中庸》的著者，朱子和程子一样，都接受《史记》的记载，认为是子思。[①]但关于书名的解释，他修正了一些。他说，"中"除"不偏"外，还有"无过无不及"的意思；"庸"解作"不易"，不如解作"平常"的好。[②]照近人的研究，《大学》的思想和文字，很有和荀子相同的地方，大概是荀子学派的

---

① 《孔子世家》。
② 《中庸或问》卷一。

著作。《中庸》，首尾和中段思想不一贯，从前就有人疑心。照近来的看法，这部书的中段也许是子思原著的一部分，发扬孔子的学说，如"时中""忠恕""知仁勇""五伦"等。首尾呢，怕是另一关于《中庸》的著作，经后人混合起来的；这里发扬的是孟子的天人相通的哲理，所谓"至诚""尽性"，都是的。著者大约是一个孟子学派。

《论语》是孔子弟子们记的。这部书不但显示一个伟大的人格——孔子，并且让读者学习许多做学问、做人的节目：如"君子""仁""忠恕"，如"时习""阙疑""好古""隅反""择善""困学"等，都是可以终身应用的。《孟子》据说是孟子本人和弟子公孙丑、万章等共同编定的。书中说"仁"兼说"义"，分辨"义""利"甚严；而辩"性善"，教人求"放心"，影响更大。又说到"养浩然之气"，那"至大至刚""配义与道"的"浩然之气"。[①]这是修养的最高境界，所谓天人相通的哲理。书中攻击杨朱、墨翟两派，辞锋咄咄逼人。这在儒家叫作攻异端，功劳是很大的。孟子生在战国时代，他不免"好辩"，他自己也觉得的。[②]他的话流露着"英气""有圭角"，和孔子的温润是不同的。所以儒家只称为"亚圣"，次于孔子一等。[③]《孟子》有东汉的赵岐注。《论语》有孔安国、马融、郑玄诸家注，却都已残佚，只零星地见于魏何晏的《集解》里。汉儒注经，多以训诂名物为

---

① 《公孙丑》。
② 《滕文公》。
③ 《孟子集注·序》引程子说。

重；但《论》《孟》词意显明，所以只解释文句，推阐义理而止。魏晋以来，玄谈大盛，孔子已经道家化；解《论语》的也多参入玄谈，参入当时的道家哲学。这些后来却都不流行了。到了朱子，给《论》《孟》作注，虽说融会各家，其实也用他自己的哲学作架子。他注《学》《庸》，更显然如此。他的哲学切于世用，所以一般人接受了，将他解释的孔子当作真的孔子。

　　他那一套"四书"注实在用尽了平生的力量，改定至再至三；直到临死的时候，他还在改定《大学·诚意》章的注。注以外又作了《四书或问》，发扬注义，并论述对于旧说的或取或舍的理由。他在"四书"上这样下功夫，一面固然为了诱导初学者，一面还有一个用意，便是排斥老、佛，建立道统。他在《中庸章句·序》里论到诸圣道统的传承，末尾自谦说，"于道统之传，不敢妄议"；其实他是隐隐在以传道统自期呢。《中庸》传授心法，正是道统的根本。将它加在《大学》《论》《孟》之后而成"四书"，朱子自己虽然说是给初学者打基础，但一大半恐怕还是为了建立道统，不过他自己不好说出罢了。他注"四书"在宋孝宗淳熙年间（公元1174至1189年）。他死后朝廷将他的"四书"注审定为官书，从此盛行起来。他果然成了传儒家道统的大师了。

《战国策》 朱自清

  春秋末年，列国大臣的势力渐渐膨胀起来。这些大臣都是世袭的，他们一代一代聚财养众，明争暗夺了君主的权力，建立起自己的特殊地位。等到机会成熟，便跳起来打倒君主自己干。那时候各国差不多都起了内乱。晋国让韩、魏、赵三家分了，姓姜的齐国也让姓田的大夫占了。这些，周天子只得承认了。这是封建制度崩坏的开始。那时候周室也经过了内乱，土地大半让邻国抢去，剩下的又分为东、西周；东、西周各有君王，彼此还争争吵吵的。这两位君王早已失去春秋时代"共主"的地位，而和列国诸侯相等了。后来列国纷纷称王，周室更不算回事；他们至多能和宋、鲁等小国君主等量齐观罢了。

  秦、楚两国也经过内乱，可是站住了。它们本是边远的国家，却渐渐伸张势力到中原来。内乱平后，大加整顿，努力图强，声威便更广了。还有极北的燕国，向来和中原国家少来往；这时候也有力量向南参加国际政治了。秦、楚、燕和新兴的韩、魏、赵、齐，是那时代的大国，称为"七雄"。那些小国呢，从前可以仰仗霸主的保护，做大国的附庸；现在可不成了，只好让人家吞的吞，并的并。算只留下宋、鲁等两三国，给七雄当缓冲地带。封建制度既然在崩坏中，七雄便各成一单位，各自争存，各自争强；国际政局比春秋时代紧张多了。战争也比从前严重多了。列国都在自己边界上修起长城来。这时候军器进步了；从前的兵器都用铜打成，现在有用铁打成的了。战术也进步了。攻守的方法都比从前精明；从前只用兵车和步卒，现在却发展了骑兵了。这时候还有以帮人家作战为职业的人。这时候的战争，杀伤是很多的。孟子说："争地以战，杀人盈野；争城以战，杀人盈城。"①可见那凶惨的情形。后人因此称这时代为战国时代。

在长期混乱之后，贵族有的做了国君，有的渐渐衰灭。这个阶级算是随着封建制度崩坏了。那时候的国君，没有了世袭的大臣，便集权专制起来。辅助他们的是一些出身贵贱不同的士人。那时候君主和大臣都竭力招揽有技能的人，甚至学鸡鸣、学狗盗的也都收留着。这是所谓"好客""好士"的风气。其中最高的是说客，是游说之士。当时国际关系紧张，战争随时可起。战争到底是劳民伤财的，况且难得有把握；重要的还是做外交的功夫。外交办得好，只凭口舌排难解纷，可以免去战祸；就是不得不战，也可以多找一些与国，一些帮手。担负这种外交的人，便是那些策士，那些游说之士。游说之士既然这般重要，所以立谈可以取卿相；只要有计谋，会辩说就成，出身的贵贱倒是不在乎的。

---

① 《孟子·离娄上》。

七雄中的秦，从孝公用商鞅变法以后，日渐强盛。到后来成了与六国对峙的局势。这时候的游说之士，有的劝六国联合起来抗秦，有的劝六国联合起来亲秦。前一派叫"合纵"，是联合南北各国的意思；后一派叫"连横"，是联合东西各国的意思——只有秦是西方的国家。合纵派的代表是苏秦，连横派的是张仪，他们可以代表所有的战国游说之士。后世提到游说的策士，总想到这两个人；提到纵横家，也总是想到这两个人。他们都是鬼谷先生的弟子。苏秦起初也是连横派。他游说秦惠王，秦惠王老不理他；穷得要死，只好回家。妻子、嫂嫂、父母，都瞧不起他。他恨极了，用心读书，用心揣摩；夜里倦了要睡，用锥子扎大腿，血流到脚上。这样整一年，他想着成了，便出来游说六国合纵。这回他果然成功了，佩了六国相印，又有势又有钱。打家里过的时候，父母郊迎三十里，妻子低头，嫂嫂趴在地下谢罪。他叹道："人生世上，势位富贵，真是少不得的！"张仪和楚相喝酒，楚相丢了一块璧。手下人说张仪穷而无行，一定是他偷的，绑起来打了几百下。张仪始终不认，只好放了他。回家，他妻子说："唉，要不是读书游说，哪会受这场气！"他不理，只说："看我舌头还在罢？"妻子笑道："舌头是在的。"他说："那就成！"后来果然做了秦国的相；苏秦死后，他也大大得意了一番。

苏秦使锥子扎腿的时候，自己发狠道："哪有游说人主不能得金玉锦绣，不能取卿相之尊的道理！"这正是战国策士的心思。他们凭他们的智谋和辩才，给人家画策，办外交；谁用他们就帮谁。他们是职业的，所图的是自己的功名富贵；帮你的时候帮你，不帮的时候也许害你。翻覆，在他们看来是没有什么的。本来呢，当时七雄分立，没有共主，没有盟主，各干各的，谁胜谁得势。国际间没有是非，爱帮谁就帮谁，反正都一样。苏秦说连横不成，就改说合纵，在策士看来，这正是当然。张仪说舌头在就行，说是说非，只要会说，这也正是职业的态度。他们自己没有理想，没有主张，只求揣摩主上的心理，拐弯儿抹角投其所好。这需要技巧，《韩非子·说难篇》专论这个。说得好固然可以取"金玉锦绣"和"卿相之尊"，说得不好也会招杀身之祸，利害所关如此之大，苏秦费一整年研究揣摩不算多。当时各国所重的是威势，策士所说原不外战争和诈谋；但要因人、因地进言，广博的知识和微妙的机智都是不可少的。

记载那些说辞的书叫《战国策》，是汉代刘向编定的，书名也是他提议的。但在他以前，汉初著名的说客蒯通，大约已经加以整理和润饰，所以各篇如出一手。《汉书》本传里记着他"论战国时说士权变，亦自序其说，凡八十一篇，号曰《隽永》"，大约就是刘向所根据的底本了。①蒯通那枝②笔是很有力量的。铺陈的伟丽，叱咤的雄豪，固然传达出来了；而那些曲折微妙的声口，也丝丝入扣，千载如生。读这部书，真是如闻其语，如见其人。汉以来批评这部书的都用儒家的眼光。刘向的序里说战国时代"捐礼让而贵战争，弃仁义而用诈谲，苟以取强而已矣"，

---

① 罗根泽《〈战国策〉作于蒯通考》及《补证》(《古史辨》第四册)。
② 枝，同"支"。

可以代表。但他又说这些是"高才秀士"的"奇策异智","亦可喜，皆可观"。这便是文辞的作用了。宋代有个李文叔，也说这部书所记载的事"浅陋不足道"，但"人读之，则必乡其说之工，而忘其事之陋者，文辞之胜移之而已"。又道，说的还不算难，记的才真难得呢。①这部书除文辞之胜外，所记的事，上接春秋时代，下至楚、汉兴起为止，共二百零二年（公元前403至前202年），也是一部重要的古史。所谓战国时代，便指这里的二百零二年；而战国的名称也是刘向在这部书的序里定出的。

_____

① 李格非《书〈战国策〉后》。

辞赋 朱自清

屈原是我国历史里永被纪念着的一个人。旧历五月五日端午节，相传便是他的忌日；他是投水死的，竞渡据说原来是表示救他的，粽子原来是祭他的。现在定五月五日为诗人节，也是为了纪念的缘故。他是个忠臣，而且是个缠绵悱恻的忠臣；他是个节士，而且是个浮游尘外、清白不污的节士。"举世皆浊而我独清，众人皆醉而我独醒"①，他的身世是一出悲剧。可是他永生在我们的敬意尤其是我们的同情里。"原"是他的号，"平"是他的名字。他是楚国的贵族，怀王时候，做左徒的官。左徒好像现在的秘书。他很有学问，熟悉历史和政治，口才又好。一方面参赞国事，一方面给怀王见客，办外交，头头是道。怀王很信任他。

当时楚国有亲秦、亲齐两派，屈原是亲齐派。秦国看见屈原得势，便派张仪买通了楚国的贵臣上官大夫、靳尚等，在怀王面前说他的坏话。怀王果然被他们所惑，将屈原放逐到汉北

① 《楚辞·渔父》。

去。张仪便劝怀王和齐国绝交，说秦国答应割地六百里。楚和齐绝了交，张仪却说答应的是六里。怀王大怒，便举兵伐秦，不料大败而归。这时候想起屈原来了，将他召回，教他出使齐国。亲齐派暂时抬头。但是亲秦派不久又得势。怀王终于让秦国骗了去，拘留着，就死在那里。这件事是楚人最痛心的，屈原更不用说了。可是怀王的儿子顷襄王，却还是听亲秦派的话，将他二次放逐到江南去。他流浪了九年，秦国的侵略一天紧似一天；他不忍亲见亡国的惨象，又想以一死来感悟顷襄王，便自沉在汨罗江里。

《楚辞》中《离骚》和《九章》的各篇，都是他放逐时候所作。《离骚》尤其是千古流传的杰构。这一篇大概是二次被放时作的。他感念怀王的信任，却恨他糊涂，让一群小人蒙蔽着、播弄着。而顷襄王又不能觉悟；以致国土日削，国势日危。他自己呢，"信而见疑，忠而被谤"①，简直走投无路；满腔委屈，千端万绪的，没人可以诉说。终于只能告诉自己的一支笔，《离骚》便是这样写成的。"离骚"是"别愁"或"遭忧"的意思。②他是个富于感情的人，那一腔遏抑不住的悲愤，随着他的笔奔迸出来，"东一句，西一句，天上一句，地下一句"③，只是一片一段的，没有篇章可言。这和人在疲倦或苦痛的时候，叫"妈呀！""天

---

① 《史记·屈原传》。
② 王逸《离骚经序》，班固《离骚赞序》。
③ 刘熙载《艺概·赋概》。

哪！"一样；心里乱极了，闷极了，叫叫透一口气，自然是顾不到什么组织的。

篇中陈说唐、虞、三代的治，桀、纣、羿、浇的乱，善恶因果，历历分明；用来讽刺当世，感悟君王。他又用了许多神话里的譬喻和动植物的譬喻，委曲地表达出他对于怀王的忠爱，对于贤人君子的向往，对于群小的深恶痛疾。他将怀王比作美人，他是"求之不得""辗转反侧"；情辞凄切，缠绵不已。他又将贤臣比作香草。"美人香草"从此便成为政治的譬喻，影响后来解诗、作诗的人很大。汉淮南王刘安作《离骚传》说："《国风》好色而不淫，《小雅》怨诽而不乱，若《离骚》者，可谓兼之矣。"① "好色而不淫"似乎就指美人香草用作政治的譬喻而言，"怨诽而不乱"是怨而不怒的意思。虽然我们相信《国风》的男女之辞并非政治的譬喻，但断章取义，《淮南王》的话却是《离骚》的确切评语。

《九章》的各篇原是分立的，大约汉人才合在一起，给了"九章"的名字。这里面有些是屈原初次被放时作的，有些是二次被放时作的，差不多都是"上以讽谏，下以自慰"②；引史事，用譬喻，也和《离骚》一样。《离骚》里记着屈原的世系和生辰，这几篇里也记着他放逐的时期和地域；这些都可以算是他的自叙传。他还作了《九歌》《天问》《远游》《招魂》等，却不能算自叙

---

① 《史记·屈原传》。
② 王逸《楚辞章句·序》。

传，也"不皆是怨君"①；后世都说成怨君，便埋没了他的别一面的出世观了。他其实也是一"子"，也是一家之学。这可以说是神仙家，出于巫。《离骚》里说到周游上下四方，驾车的动物，驱使的役夫，都是神话里的。《远游》更全是说的周游上下四方的乐处。这种游仙的境界，便是神仙家的理想。

《远游》开篇说，"悲时俗之迫厄兮，愿轻举而远游"；篇中又说，"临不死之旧乡"。人间世太狭窄了，也太短促了，人是太不自由自在了。神仙家要无穷大的空间，所以要周行无碍；要无穷久的时间，所以要长生不老。他们要打破现实的、有限的世界，用幻想创出一个无限的世界来。在这无限的世界里，所有的都是神话里的人物：有些是美丽的，也有些是丑怪的。《九歌》里的神大都可爱；《招魂》里一半是上下四方的怪物，说得顶怕人的，可是一方面也奇诡可喜。因为注意空间的扩大，所以对于天地、山川、日月、星辰，在在都有兴味。《天问》里许多关于天文地理的疑问，便是这样来的。一面惊奇天地之广大，一面也惊奇人事之诡异——善恶因果，往往有不相应的；《天问》里许多关于历史的疑问，便从这里着眼。这却又是他的入世观了。

要达到游仙的境界，须要"虚静以恬愉""无为而自得"，还须导引养生的修炼工夫，这在《远游》里都说了。屈原受庄学的影响极大。这些都是庄学；周行无碍，长生不老，以及神

---

① 《朱子语类》。

话里的人物，也都是庄学。但庄学只到"我"与自然打成一片而止，并不想创造一个无限的世界；神仙家似乎比庄学更进了一步。神仙家也受阴阳家的影响；阴阳家原也讲天地广大，讲禽兽异物的。阴阳家是齐学。齐国滨海，多有怪诞的思想。屈原常常出使到那里，所以也沾了齐气。还有齐人好"隐"。"隐"是"遁词以隐意，谲譬以指事"①，是用一种滑稽的态度来讽谏。淳于髡可为代表。楚人也好"隐"。屈原是楚人，而他的思想又受齐国的影响，他爱用种种政治的譬喻，大约也不免沾点齐气。但是他不取滑稽的态度，他是用一副悲剧面孔说话的。《诗大序》所谓"谲谏"，所谓"言之者无罪，闻之者足以戒"，倒是合适的说明。至于像《招魂》里的铺张排比，也许是纵横家的风气。

《离骚》各篇多用"兮"字足句，句读以参差不齐为主。"兮"字足句，三百篇中已经不少；句读参差，也许是"南音"的发展。"南"本是南乐的名称；三百篇中的二南，本该与风、雅、颂分立为四。二南是楚诗，乐调虽已不能知道，但和风、雅、颂必有异处。从二南到《离骚》，现在只能看出句读由短而长、由齐而畸的一个趋势；这中间变迁的轨迹，我们还能找到一些，总之，决不是突如其来的。这句读的发展，大概多少有音乐的影响。从《汉书·王褒传》可以知道楚辞的诵读

---

① 《文心雕龙·谐隐》篇。

是有特别的调子的①，这正是音乐的影响。屈原诸作奠定了这种体制，模拟的日见其多。就中最出色的是宋玉，他作了《九辩》。宋玉传说是屈原的弟子；《九辩》的题材和体制都模拟《离骚》和《九章》，算是代屈原说话，不过没有屈原那样激切罢了。宋玉自己可也加上一些新思想，他是第一个描写"悲秋"的人。还有个景差，据说是《大招》的作者，《大招》是模拟《招魂》的。

　　到了汉代，模拟《离骚》的更多，东方朔、王褒、刘向、王逸都走着宋玉的路。大概武帝时候最盛，以后就渐渐地差了。汉人称这种体制为"辞"，又称为"楚辞"。刘向将这些东西编辑起来，成为《楚辞》一书。东汉王逸给作注，并加进自己的拟作，叫作《楚辞章句》。北宋洪兴祖又作《楚辞补注》，《章句》和《补注》合为《楚辞》标准的注本。但汉人又称《离骚》等为"赋"。《史记·屈原传》说他"作《怀沙》之赋"；《怀沙》是《九章》之一，本无"赋"名。《传》尾又说："宋玉、唐勒、景差之徒，皆好辞而以赋见称。"《汉书·艺文志·诗赋略》列"屈原赋二十五篇"，就是《离骚》等。大概"辞"是后来的名字，专指屈、宋一类作品；赋虽从辞出，却是先起的名字，在未采用"辞"的名字以前，本包括"辞"而言。所以浑言称"赋"，称"辞赋"；分言称"辞"和"赋"。后世引述屈、宋诸家，只通称"楚辞"，没有单称"辞"的。但却有称"骚""骚体""骚

①《汉书·王褒传》："宣帝时……征能为《楚辞》九江被公，召见诵读。"

赋"的，这自然是《离骚》的影响。

荀子的《赋篇》最早称"赋"。篇中分咏"礼""知""云""蚕""箴（针）"五件事物，像是谜语；其中颇有讽世的话，可以说是"隐"的支流余裔。荀子久居齐国的稷下，又在楚国做过县令，死在那里。他的好"隐"，也是自然的。《赋篇》总题分咏，自然和后来的赋不同，但是安排客主，问答成篇，却开了后来赋家的风气。荀赋和屈辞原来似乎各是各的；这两体的合一，也许是在贾谊手里。贾谊是荀卿的再传弟子，他的境遇却近于屈原，又久居屈原的故乡；很可能的，他模拟屈原的体制，却袭用了荀卿的"赋"的名字。这种赋日渐发展，屈原诸作也便被称为"赋"；"辞"的名字许是后来因为拟作多了，才分化出来，作为此体的专称的。"辞"本是"辩解的言语"的意思，用来称屈、宋诸家所作，倒也并无不合之处。

《汉书·艺文志·诗赋略》分赋为四类。"杂赋"十二家是总集，可以不论。屈原以下二十家，是言情之作。陆贾以下二十一家，已佚，大概近于纵横家言。就中"陆贾赋三篇"，在贾谊之先；但作品既不可见，是他自题为赋，还是后人追题，不能知道，只好存疑了。荀卿以下二十五家，大概是叙物明理之作。这三类里，贾谊以后各家，多少免不了屈原的影响，但已渐有散文化的趋势；第一类中的司马相如便是创始的人。托为屈原作的《卜居》《渔父》，通篇散文化，只有几处用韵，似乎是《庄子》和荀赋的混合体制，又当别论。散文化更容易铺张些。"赋"本是"铺"的意思，铺张倒是本来面目。可是铺张的作用原在讽谏；

这时候却为铺张而铺张，所谓"劝百而讽一"①。当时汉武帝好辞赋，作者极众，争相竞胜，所以致此。扬雄说："诗人之赋丽以则，辞人之赋丽以淫。"②"诗人之赋"便是前者，"辞人之赋"便是后者。甚至有诙谐嫚戏、毫无主旨的。难怪辞赋家会被人鄙视为倡优了。

东汉以来，班固作《两都赋》，"极众人之所眩曜，折以今之法度"③；张衡仿他作《二京赋》。晋左思又仿作《三都赋》。这种赋铺叙历史地理，近于后世的类书；是陆贾、荀卿两派的混合，是散文的更进一步。这和屈、贾言情之作却迥不相同了。此后赋体渐渐缩短，字句却整炼起来。那时期一般诗文都趋向排偶化，赋先是领着走，后来是跟着走；作赋专重写景抒情，务求精巧，不再用来讽谏。这种赋发展到齐、梁、唐初为极盛，称为"俳体"④的赋。"俳"是"游戏"的意思，对讽谏而言；其实这种作品倒也并非滑稽嫚戏之作。唐代古文运动起来，宋代加以发挥光大，诗文不再重排偶而趋向散文化，赋体也变了。像欧阳修的《秋声赋》，苏轼的前后《赤壁赋》，虽然有韵而全篇散行，排偶极少，比《卜居》《渔父》更其散文的。这称为"文体"⑤的赋。唐、宋两代，以诗赋取士，规定程式。那种赋定为八韵，调平仄，讲对仗；制题新巧，限韵险难。这只是一种技艺罢了。

① 《汉书·司马相如传赞》引扬雄语。
② 《法言·吾子篇》。
③ 《两都赋序》。
④ "俳体"的名称，见元祝尧《古赋辨体》。
⑤ "文体"的名称，见元祝尧《古赋辨体》。

这称为"律赋"。对"律赋"而言,"俳体"和"文体"的赋都是"古赋";这"古赋"的名字和"古文"的名字差不多,真正"古"的如屈、宋的辞,汉人的赋,倒是不包括在内的。赋似乎是我国特有的体制;虽然有韵,而就它全部的发展看,却与文近些,不算是诗。

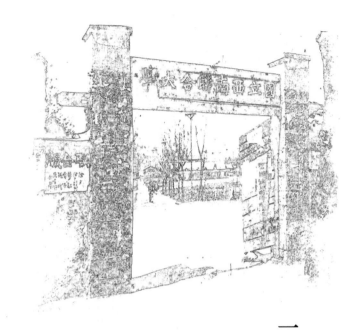

二　秦汉魏晋南北朝文学讲

1937
—
1946

贾谊 傅斯年

    我们在论屈原时，已经略略谈到贾谊，司马迁本是把屈、贾合传的。他如此做的意思，是不是因为辞赋一体为他们造成一个因缘（若然，则应知其颇有不同者，因屈原文犹带传说之色彩，而贾谊著赋已不属传疑也），或者觉得他们两个人遭逢不偶的命运相同（其实绝不同），或者太史公借着自喻自发牢骚（太史公传古人，每将感慨系诸自己，如《伯夷列传》等），我们用不着瞎猜谜去；但他们两个人都是在文学上断时代的，就他们在文学史上所据的地位重要而论，则合传起来，不为厚此薄彼。不过我们也要知道，屈原究竟是个传疑的人，贾生乃是信史中的人物罢了。

    《史记·贾谊传》说：

    贾生名谊，雒阳人也。年十八，以能诵诗属书闻于郡中。吴廷尉为河南守，闻其秀才，召置门下，甚幸爱。孝文皇帝初立，闻河南守吴公治平为天下第一，故与李斯同邑而常学事焉，乃征为廷尉。廷尉乃言贾生年少，颇通诸子百家诸书。文帝召以为博士。

是时贾生年二十余，最为少。每诏令议下，诸老先生不能言，贾生尽为之对，人人各如其意所欲出。诸生于是乃以为能不及也。孝文帝说之，超迁，一岁中至太中大夫。

贾生以为汉兴至孝文二十余年，天下和洽，而固当改正朔，易服色，法制度，定官名，兴礼乐，乃悉草具其事仪法，色尚黄，数用五，为官名悉更秦之法。孝文帝初即位，谦让未遑也。诸律令所更定，及列侯悉就国，其说皆自贾生发之。于是天子议以为贾生任公卿之位，绛、灌、东阳侯、冯敬之属尽害之，乃短贾生曰："雒阳之人，年少初学，专欲擅权，纷乱诸事。"于是天子后亦疏之，不用其议，乃以贾生为长沙王太傅。

贾生既辞往行，闻长沙卑湿，自以寿不得长，又以适去，意不自得。及渡湘水，为赋以吊屈原。（辞略）

贾生为长沙王太傅三年，有鸮飞入贾生舍，止于坐隅。楚人命鸮曰服，贾生既以适居长沙，长沙卑湿，自以为寿不得长，伤悼之，乃为赋以自广。（辞略）

后岁余，贾生征见，孝文帝方受釐，坐宣室。上因感鬼神事，而问鬼神之本，贾生因具道所以然之状。至夜半，文帝前席。既罢，曰："吾久不见贾生，自以为过之，今不及也。"居顷之，拜贾生为梁怀王太傅。梁怀王，文帝之少子，爱，而好书，故令贾生傅之。

文帝复封淮南厉王子四人皆为列侯，贾生谏，以为患之兴自此起矣。贾生数上疏，言诸侯或连数郡，非古之制，可稍削之。文帝不听。

　　居数年，怀王骑，堕马而死，无后。贾生自伤为傅无状，哭泣岁余，亦死。贾生之死时年三十三矣。

　　贾生死时只三十三，而死前"哭泣岁余"，在长沙又那样不乐，以这么短的时光，竟于文学史上开一新时代，为汉朝政治创一新道路，不可不谓为绝世天才。我们现在读他的文字时，且免不了为他动感慨。

　　骤看贾生的文辞和思想像是甚矛盾，因为好几种在别人不能一个人兼具的东西，或者性质反相的东西，在他却集在一个人的身上。第一，贾生兼通儒家思想及三晋官术。我们在读他《陈政事疏》时，觉得儒术、名法后先参伍，一节是儒术之至意，一节是名法之要言。《汉志》虽把他的著作列在儒家，然不"亲亲"而认"形势"何尝是儒家的话？荀卿虽然已经以三晋人而儒学，李斯又是先谏逐客而后坑儒生的，究竟不如贾谊这样的拼合。第二，能侃侃条疏政事，为绝好之"笔"的人，每多不能发扬铺张，成绝好之"文"（此处"文""笔"两字用六朝人义）。贾谊的赋及《过秦》中篇既有那样的文采，而他的《过秦》上、下篇（从《史记》之序）及陈政事各疏又能这样的密察，不是文人的文字。第三，贾生的政论，如分封诸侯、教傅太子等等，都是以深锐的眼光看出来的，都是最深刻切要的思想，都不是臆想之谈，都不是《盐铁论》一般之腐，却又谓匈奴不过一大县，欲系单于之颈，又仿佛等于一个妄想的书生。贾谊何以有这些矛盾的现象呢？一来，所表示者不由一线而各线为矛盾的集合以成大造诣时，每每是天才强、精力伟大之表显，我们不必拘于能够沾沾自固的一格以评论才人。二来，他初为河南守吴公"闻其秀才，召置门下，甚幸爱"，河南守"故与李斯同邑而常学事焉"，那么，贾生大有成了李斯再传弟子的样子。李斯先已学儒术而终于名法，贾生成学之环境及时代当可助成他这样子的并合众流。三来，他到底是一个少年的天才，所以一面观察时政这么锐敏，一面论到他不见的匈奴那么荒唐。四来，政治的状态转变了以后，社会的状态不能随着这政治的新局面同时转，必须过上一世或若干世，然后政治新局面之效用显出来。汉初的游士文人（游士与文人本是一行），如郦食其，不消说纯粹是个战国时人，即如邹阳、陆贾、朱建、叔孙通、娄敬、贾山，哪一个不是记得的是些战国的故事，说得的是些战国的话言，做得的是些战国的行事？秦代之学，"以吏为师"，本不能在民间发达另一种成学的风气，时期又短，功效未见而亡国，所以汉起来时，一般参朝典、与国政、游诸侯的文士，都是从头至底战国人样子的，到了贾谊我们才看见些汉朝东西。贾谊死于梁怀王死后年余，梁怀王文帝前十一年薨（公元前169年），则贾生当死于文帝前十二三年（公元前168至前167年），上距高帝五六年间（公元前202至前201年），为三十三年，贾谊纯然是个汉朝的人了。战国时好几种不同的风气经过秦代的压迫、楚汉的战乱以后，重以太平的缘故，恢复起它们在社会上的作用时，自然要有些与原状态不同的分合。政治制度成一统之后，若干风尚也要合成一个系统，而贾生以他的天才，生在一个转移的时代，遂为最先一个汉文章、汉政治思想、汉制度之代表。那么，贾生之兼容若干趋向，只和汉家之兼有列国一样，也是时代使然。贾生对封建的制度论实现于景帝时，而他一切儒家思想均成于武帝，贾生不是一个战国之殿，而是一个汉风之前驱。但他到底是直接战国的人，所以议政论制仍是就事论事，以时代之问题为标，而思解决处理之术，不是拿些抽象名词，传遗雅言，去做系统哲学的。以矛盾为相成的系统哲学，很表示汉代风气的，并不曾见于贾谊。

贾谊实在把战国晚年知识阶级中的所有所能集了大成，儒术及儒家相传的故实，黄老刑名，纵横家之文，赋家之辞，无不集在他一人身上，他以后没有人能这样了。

论贾生的著作，大略可分三类：一、论；二、赋；三、疏。《过秦论》上节论子婴；中节论秦成功之盛，衰亡之急；下节论二世（从《史记》之叙）。拿他论二世、子婴的话和他在疏中论汉政的话来比，显然见得《过秦》文章发扬，而事实不切，论汉政则甚深刻。想来《过秦论》当是他早时在洛阳时的著作，尚未经历汉廷，得识世政之实。《过秦》上、下两节文章发扬而不艳，虽非尽如六朝人所谓"笔"，然亦不甚"文"，故昭明不选。《过秦论》之中节，乃是魏晋六朝人著论之模范。左太冲有"著论准《过秦》，作赋拟《子虚》"之言，其影响后人不限一时，陆机《辩亡》、干宝《晋记》不过是个尤其显著的摹拟罢了。这篇的中节就性质论实在近于赋体，例如他说："当是时，齐有孟尝，赵有平原，楚有春申，魏有信陵。此四君者，皆明知而忠信，宽厚而爱人，尊贤而重士，约纵离横，并韩、魏、燕、赵、齐、楚、宋、卫、中山之众。于是六国之士，有宁越、徐尚、苏秦、杜赫之属为之谋，齐明、周最、陈轸、昭滑、楼缓、翟景、苏厉、乐毅之徒通其意，吴起、孙膑、带佗、兒良、王廖、田忌、廉颇、赵奢之朋制其兵。尝以十倍之地，百万之众，叩关而攻秦，秦人开关延敌，九国之师，逡巡遁逃而不敢进。"这些人时代相差百多年，亦无九国在一起攻秦之事，六国纵约始终未曾坚固地结过一次，然为文章之发扬不得不把事实说得这般和戏剧一样，那么，又和《子虚》《上林》的文情有什么分别呢？这类的论只可拿作"散文的赋"看。《文选》于论一格里、《过秦》中节之外，还有东方朔《非有先生》，王褒《四子讲德》（西汉后与此无涉，故不叙举以下）。这两篇虽以论史，其实如赋。古来著论本是敷文，不是循理，以循理为论，自魏晋始（如夏侯太初之论乐毅，江统之论徙戎，乃后世所谓论）。

贾谊的赋现在只存《服鸟》《吊屈原》两篇，《惜誓》一篇《史记》《汉书》都不提，《王逸》也说疑不能明（《北堂书钞》《艺文类聚》《文选》注、《古文苑》所引汉赋多六朝人所拟作）。其中字句虽有些同屈原赋，但《吊屈原赋》不谈神仙，而《惜誓》却侈谈神仙，也许是后人拟贾谊而作的。我们拿贾谊两赋与《离骚》《九章》比，则不特《离骚》重重复复，即《九章》亦不免，而贾赋不这样。这因为屈赋先经若干时之口传，贾赋乃是作时即著文的，所以没有因口传而生之颠倒。又屈原情重而不谈义理，贾赋于悲伤之后，归纳出一篇哲论，这也是文章由通俗体进到文人体时之现象。贾赋的文采都不大艳，都极有气力，这也是因为贾生到底不是专为辞人之业的人。屈君还是一个传疑中的辞人，贾生已是一个信史上的赋家了。贾赋在后来的影响并不大，后来的赋本是和之以巨丽，因之以曼衍，而贾赋"其趣不两，其于物无强，若枝叶之附其根本"（张皋文叙《七十家赋》中论贾谊赋语）。神旨一贯，以至言辞不长，遂不为后来之宗。

说到贾谊的疏，到赵宋时才发生大影响。自王介甫起，个个以大儒自命的上万言书，然而文章气都太重，都不如贾生论当时题目之切。自东汉时，一般的文调都趋于整齐，趋于清丽采艳，所以他的《陈政事疏》自班固而下没有拿着当文章看他。这疏中的意思在文、景、武三朝政治发展上固然有绝大的关系，即就文章论也为散文创到一个独至境界，词通达而理尽至，以深锐的剖析，成高亢的气力。通篇中虽然句句显出"紧张"的样子，而不言过其情，因为有透彻的思想做着根基，明亮的文辞振着气势。拿他的《陈政事疏》和荀子著书比，荀子说不这样明白；和《吕览》比，《吕览》说不这样响亮；和《孟子》比，《孟子》说不这样坚辟；和《战国策》比，《战国策》说不这样要练；和董仲舒比，更断然显出天才与愚儒之分（仲舒弟子先以之大愚）。这实在是文学上一种绝高的造诣，声色和思想齐光，内质和外文并盛。只是东汉以后，文学变成士大夫阶级的文饰品，这样"以质称文"的制作，遂为人放在"笔"之列了。

贾生的论似赋，赋乃无后。论虽在六朝势力大，现在却只成历史的痕迹了。只有《陈政事疏》，至今还是一篇活文章，假如我们了解文、景、武三世政情的话。

继贾谊后，能把政事侃侃而谈的，有晁错。错无贾谊之文，政策都是述贾谊的。然错无儒家气，所以错所论引更多实在。

贾谊遗文现在所得见的，只有《汉书》所引之赋和疏，《史记·始皇本纪》替所引之论。现在虽有新书流传，不过这部书实是后人将《汉书》诸文拼成的一集，所补益更无胜义，宋人先已疑之，《四库提要》承认此事实，而仍为之回护，无谓也。

《史记》《汉书》 朱自清

　　说起中国的史书，《史记》《汉书》真是无人不知，无人不晓。这有两个原因。一则，这两部书是最早的有系统的历史，再早虽然还有《尚书》《鲁春秋》《国语》《春秋左氏传》《战国策》等，但《尚书》《国语》《战国策》都是记言的史，不是记事的史。《春秋》和《左传》是记事的史了，可是《春秋》太简短，《左氏传》虽够铺排的，而跟着《春秋》编年的系统，所记的事还不免散碎。《史记》创了"纪传体"，叙事自黄帝以来到著者当世，就是汉武帝的时候，首尾三千多年。《汉书》采用了《史记》的体制，却以汉事为断，从高祖到王莽，只二百三十年。后来的史书全用《汉书》的体制，断代成书；二十四史里，《史记》《汉书》以外的二十二史都如此。这称为"正史"。《史记》《汉书》，可以说都是"正史"的源头。二则，这两部书都成了文学的古典；两书有许多相同处，虽然也有许多相异处。大概东汉、魏、晋到唐，喜欢《汉书》的多，唐以后喜欢《史记》的多，而明、清两代尤然。这是两书文体各有所胜的缘故。但历来班、马并称，《史》《汉》连举，它们叙事写人的技术，毕竟是大同的。

《史记》，汉司马迁著。司马迁字子长，左冯翊夏阳（今陕西韩城）人，景帝中元五年（公元前145年）生，卒年不详。他是太史令司马谈的儿子。小时候在本乡只帮人家耕耕田、放放牛玩儿。司马谈做了太史令，才将他带到京师（今西安）读书。他十岁的时候，便认识"古文"的书了。二十岁以后，到处游历，真是足迹遍天下。他东边到过现在的河北、山东及江浙沿海，南边到过湖南、江西、云南、贵州，西边到过陕、甘、西康①等处，北边到过长城等处。当时的"大汉帝国"，除了朝鲜、河西（今宁夏一带）、岭南几个新开郡外，他都走到了。他的出游，相传是父亲命他搜求史料去的；但也有些处是因公去的。他搜得了多少写的史料，没有明文，不能知道。可是他却看到了好些古代的遗迹，听到了好些古代的轶闻；这些都是活史料，他用来印证并补充他所读的书。他作《史记》，叙述和描写往往特别亲切有味，便是为此。他的游历不但增扩了他的见闻，也增扩了他的胸襟；他能够综括三千多年的事，写成一部大书，而行文又极其抑扬变化之致，可见出他的胸襟是如何的阔大。

他二十几岁的时候，应试得高第，做了郎中。武帝元封元年（公元前110年），大行封禅典礼，步骑十八万，旌旗千余里。司马谈是史官，本该从行；但是病得很重，留在洛阳不能去。司马迁却跟去了。回来见父亲，父亲已经快死了，拉着他的手呜咽着道："我们先人从虞、夏以来，世代做史官；周末弃职他去，从此

---

① 旧省名。今四川西部及西藏东部。司马迁曾游历至四川。

我家便衰微了。我虽然恢复了世传的职务，可是不成；你看这回封禅大典，我竟不能从行，真是命该如此！再说孔子因为眼见王道缺、礼乐衰，才整理文献，论《诗》《书》，作《春秋》，他的功绩是不朽的。孔子到现在又四百多年了，各国只管争战，史籍都散失了，这得搜求整理；汉朝一统天下，明主、贤君、忠臣、死义之士，也得记载表彰。我做了太史令，却没能尽职，无所论著，真是惶恐万分。你若能继承先业，再做太史令，成就我的未竟之志，扬名于后世，那就是大孝了。你想着我的话罢。"①司马迁听了父亲这番遗命，低头流泪答道："儿子虽然不肖，定当将你老人家所搜集的材料，小心整理起来，不敢有所遗失。"②司马谈便在这年死了，司马迁这年三十六岁。父亲的遗命指示了他一条伟大的路。

父亲死的第三年，司马迁果然做了太史令。他有机会看到许多史籍和别的藏书，便开始做整理的功夫。那时史料都集中在太史令手里，特别是汉代各地方行政报告，他那里都有。他一面整理史料，一面却忙着改历的工作；直到太初元年（公元前104年），太初历完成，才动手著他的书。天汉二年（公元前99年），李陵奉了贰师将军李广利的命，领了五千兵，出塞打匈奴。匈奴八万人围着他们；他们杀伤了匈奴一万多，可是自己的人也死了一大半。箭完了，又没吃的，耗了八天，等贰师将军派救兵。救兵竟没有影子。匈奴却派人来招降。李陵想着回去也没

---

① 原文见《史记·自序》。
② 原文见《史记·自序》。

有脸，就降了。武帝听了这个消息，又急又气。朝廷里纷纷说李陵的坏话。武帝问司马迁，李陵到底是个怎样的人。李陵也做过郎中，和司马迁同过事，司马迁是知道他的。

他说李陵这个人秉性忠义，常想牺牲自己，报效国家。这回以少敌众，兵尽路穷，但还杀伤那么些人，功劳其实也不算小。他决不是怕死的人，他的降大概是假意的，也许在等机会给汉朝出力呢。武帝听了他的话，想着贰师将军是自己派的元帅，司马迁却将功劳归在投降的李陵身上，真是大不敬；便教将他抓起来，下在狱里。第二年，武帝杀了李陵全家，处司马迁宫刑。宫刑是个大辱，污及先人，见笑亲友。他灰心失望已极，只能发愤努力，在狱中专心致志写他的书，希图留个后世名。过了两年，武帝改元太始，大赦天下。他出了狱，不久却又做了宦者做的官——中书令，重被宠信。但他还继续写他的书。直到征和二年（公元前91年），全书才得完成，共一百三十篇，五十二万六千五百字。他死后，这部书部分地流传；到宣帝时，他的外孙杨恽才将全书献上朝廷去，并传写公行于世。汉人称为《太史公书》《太史公》《太史公记》《太史记》。魏晋间才简称为《史记》，《史记》便成了定名。这部书流传时颇有缺佚，经后人补续改窜了不少；只有元帝、成帝间褚少孙补的有主名，其余都不容易考了。

司马迁是窃比孔子的。孔子是在周末官守散失时代第一个保存文献的人，司马迁是秦火以后第一个保存文献的人。他们保存的方法不同，但是用心一样。《史记·自序》里记着司马迁和上大夫壶遂讨论作史的一番话。司马迁引述他的父亲称扬孔子整理"六经"的丰功伟业，而特别着重《春秋》的著作。他们父子都是相信孔子作《春秋》的。他又引董仲舒所述孔子的话："我有种种觉民救世的理想，凭空发议论，恐怕人不理会；不如借历史上现成的事实来表现，可以深切著明些。"①这便是孔子作《春秋》的趣旨；他是要明王道，辨人事，分明是非、善恶、贤不肖，存亡继绝，补敝起废，作后世君臣龟鉴。《春秋》实在是礼义的大宗，司马迁相信礼治是胜于法治的。他相信《春秋》包罗万象，采善贬恶，并非以刺讥为主。像他父亲遗命所说的，汉兴以来，人主明圣盛德，和功臣、世家、贤大夫之业，是他父子职守所在，正该记载表彰。他的书记汉事较详，固然是史料多，也是他意主尊汉的缘故。他排斥暴秦，要将汉远承三代。这正和今文家说的《春秋》尊鲁一样，他的书实在是窃比《春秋》的。他虽自称只是"厥协六经异传，整齐百家杂语"②，述而不作，不敢与《春秋》比，那不过是谦词罢了。

他在《报任安书》里说他的书"欲以究天人之际，通古今之变，成一家之言"。《史记·自序》里说："罔（网）罗天下放失旧闻，王迹所兴，原始察终，见盛观衰，论考之行事。""王迹所兴"，始终盛衰，便是"古今之变"，也便是"天人之际"。"天人之际"只是天道对于人事的影响；这和所谓"始终盛衰"

① 原文见《史记·自序》。
② 原文见《史记·自序》。

都是阴阳家言。阴阳家倡"五德终始说",以为金、木、水、火、土五行之德,互相克胜,终始运行,循环不息。当运者盛,王迹所兴;运去则衰。西汉此说大行,与"今文经学"合而为一。司马迁是请教过董仲舒的,董就是今文派的大师;他也许受了董的影响。"五德终始说"原是一种历史哲学,实际的教训只是让人君顺时修德。

《史记》虽然窃比《春秋》,却并不用那咬文嚼字的书法,只据事实录,使善恶自见。书里也有议论,那不过是著者牢骚之辞,与大体是无关的。原来司马迁自遭李陵之祸,更加努力著书。他觉得自己已经身废名裂,要发抒意中的郁结,只有这一条通路。他在《报任安书》和《史记·自序》里引了文王以下到韩非诸贤圣,都是发愤才著书的。他自己也是个发愤著书的人。天道的无常,世变的无常,引起了他的慨叹;他悲天悯人,发为牢骚抑扬之辞。这增加了他的书的情韵。后世论文的人推尊《史记》,一个原因便在这里。

班彪论前史得失,却说他"论议浅而不笃,其论术学,则崇黄老而薄'五经',序货殖,则轻仁义而羞贫穷,论游侠,则贱守节而贵俗功",以为"大敝伤道"[1];班固也说他"是非颇谬于圣人"[2]。其实推崇道家的是司马谈;司马迁时,儒学已成独尊之势,他也成了一个推崇的人。至于《游侠》《货殖》两传,

---

[1] 《后汉书·班彪传》。
[2] 《汉书·司马迁传赞》。

确有他的身世之感。那时候有钱可以赎罪，他遭了李陵之祸，刑重家贫，不能自赎，所以才有"羞贫穷"的话；他在穷窘之中，交游竟没有一个抱不平来救他的，所以才有称扬游侠的话。这和《伯夷传》里天道无常的疑问，都只是偶一借题发挥，无关全书大旨。东汉王允死看发愤著书一语，加上咬文嚼字的成见，便说《史记》是"佞臣"的"谤书"①，那不但误解了《史记》，也太小看了司马迁了。

《史记》体例有五：十二本纪，记帝王政迹，是编年的。十表，以分年略记世代为主。八书，记典章制度的沿革。三十世家，记侯国世代存亡。七十列传，类记各方面人物。史家称为"纪传体"，因为"纪传"是最重要的部分。古史不是断片的杂记，便是顺按年月的纂录；自出机杼，创立规模，以驾驭去取各种史料的，从《史记》起始。司马迁的确能够贯穿经传，整齐百家杂语，成一家言。他明白"整齐"的必要，并知道怎样去"整齐"：这实在是创作，是以述为作。他这样将自有文化以来三千年间君臣士庶的行事，"合一炉而冶之"，却反映着秦汉大一统的局势。《春秋左氏传》虽也可算通史，但是规模完具的通史，还得推《史记》为第一部书。班固根据他父亲班彪的意见，说司马迁"善叙事理，辩而不华，质而不俚；其文直，其事核，不虚美，不隐恶，故谓之实录"②。"直"是"简省"的意思；简省而能明

---

① 《后汉书·蔡邕传》。
② 《汉书·司马迁传赞》。

确，便见本领。《史记》共一百三十篇，列传占了全书的过半数；司马迁的史观是以人物为中心的。他最长于描写；靠了他的笔，古代许多重要人物的面形，至今还活现在纸上。

《汉书》，汉班固著。班固，字孟坚，扶风安陵（今陕西咸阳）人，光武帝建武八年生，和帝永元四年卒（公元32至92年）。他家和司马氏一样，也是个世家；《汉书》是子继父业，也和司马迁差不多。但班固的凭借，比司马迁好多了。他曾祖班游，博学有才气，成帝时，和刘向同校皇家藏书。成帝赐了他全套藏书的副本，《史记》也在其中。当时书籍流传很少，得来不易；班家得了这批赐书，真像大图书馆似的。他家又有钱，能够招待客人。后来有好些学者，老远地跑到他家来看书，扬雄便是一个。班游的次孙班彪，既有书看，又得接触许多学者；于是尽心儒术，成了一个史学家。《史记》以后，续作很多，但不是偏私，就是鄙俗；班彪加以整理补充，著了六十五篇《后传》。他详论《史记》的得失，大体确当不移。他的书似乎只有本纪和列传，世家是并在列传里。这部书没有流传下来，但他的儿子班固的《汉书》是用它作底本的。

班固生在河西，那时班彪避乱在那里。班固有弟班超，妹班昭，后来都有功于《汉书》。他五岁时随父亲到那时的京师洛阳。九岁时能作文章，读诗赋。大概是十六岁罢，他入了洛阳的大学，博览群书。他治学不专守一家，只重大义，不沾沾在章句上。又善作辞赋。为人宽和容众，不以才能骄人。在大学里读了七年书，二十三岁上，父亲死了，他回到安陵去。明帝永平元年

（公元58年），他二十八岁，开始改撰父亲的书。他觉得《后传》不够详的，自己专心精究，想完成一部大书。过了三年，有人上书给明帝，告他私自改作旧史。当时天下新定，常有人假造预言，摇惑民心；私改旧史，更有机会造谣，罪名可以很大。

明帝当即诏令扶风郡逮捕班固，解到洛阳狱中，并调看他的稿子。他兄弟班超怕闹出大乱子，永平五年，带了全家赶到洛阳；他上书给明帝，陈明原委，请求召见。明帝果然召见。他陈明班固不敢私改旧史，只是续父所作。那时扶风郡也已将班固稿子送呈。明帝却很赏识那稿子，便命班固做校书郎、兰台令史，跟别的几个人同修世祖（光武帝）本纪。班家这时候很穷。班超也做了一名书记，帮助哥哥养家。后来班固等又述诸功臣的事迹，作列传载记二十八篇奏上。这些后来都成了刘珍等所撰的《东观汉记》的一部分，与《汉书》是无关的。

明帝这时候才命班固续完前稿。永平七年，班固三十三岁，在兰台重行写他的大著。兰台是皇家藏书之处，他取精用弘，比家中自然更好。次年，班超也做了兰台令史。虽然在官不久，就从军去了，但一定给班固帮助很多。章帝即位，好辞赋，更赏识班固了。他因此得常到宫中读书，往往连日带夜地读下去。大概在建初七年（公元82年），他的书才大致完成。那年他是五十一岁了。和帝永元元年（公元89年），车骑将军窦宪出征匈奴，用他做中护军，参议军机大事。这一回匈奴大败，逃得不知去向。窦宪在出塞三千多里外的燕然山上刻石纪功，教班固作铭。这是著名的大手笔。

次年他回到京师，就做窦宪的秘书。当时窦宪威势极盛；班固倒没有仗窦家的势欺压人，但他的儿子和奴仆却都无法无天的。这就得罪了许多地面上的官儿，他们都敢怒而不敢言。有一回他的奴子喝醉了，在街上骂了洛阳令种兢；种兢气恨极了，但也只能记在心里。永元四年（公元92年），窦宪阴谋弑和帝，事败，自杀。他的党羽，或诛死，或免官。班固先只免了官，种兢却饶不过他，逮捕了他，下在狱里。他已经六十一岁了，受不得那种苦，便在狱里死了。和帝得知，很觉可惜，特地下诏申斥种兢，命他将主办的官员抵罪。班固死后，《汉书》的稿子很散乱。他的妹子班昭也是高才博学，嫁给曹世叔，世叔早死，她的节行并为人所重。当时称为曹大家。这时候她奉诏整理哥哥的书；并有高才郎官十人，从她研究这部书——经学大师扶风马融，就在这十人里。书中的八表和天文志那时还未完成，她和马融的哥哥马续参考皇家藏书，将这些篇写定，这也是奉诏办的。

《汉书》的名称从《尚书》来，是班固定的。他说唐、虞、三代当时都有记载，颂述功德；汉朝却到了第六代才有司马迁的《史记》。而《史记》是通史，将汉朝皇帝的本纪放在尽后头，并且将尧的后裔的汉和秦、项放在相等的地位，这实在不足以推尊本朝。况《史记》只到武帝而止，也没有成段落似的。他所以断代述史，起于高祖，终于平帝时王莽之诛，共十二世，二百三十年，作纪、表、志、传凡百篇，称为《汉书》。[1]班固

---

① 《汉书·叙传》。

著《汉书》，虽然根据父亲的评论，修正了《史记》的缺失，但断代的主张，却是他的创见。他这样一面保存了文献，一面贯彻了发扬本朝功德的趣旨。所以后来的正史都以他的书为范本，名称也多叫作"书"。他这个创见，影响是极大的。他的书所包举的，比《史记》更为广大；天地、鬼神、人事、政治、道德、艺术、文章，尽在其中。

书里没有世家一体，本于班彪《后传》。汉代封建制度，实际上已不存在；无所谓侯国，也就无所谓世家。这一体的并入列传，也是自然之势。至于改"书"为"志"，只是避免与《汉书》的"书"字相重，无关得失。但增加了《艺文志》，叙述古代学术源流，记载皇家藏书目录，所关却就大了。《艺文志》的底本是刘歆的《七略》。刘向、刘歆父子都曾奉诏校读皇家藏书；他们开始分别源流，编订目录①，使那些"中秘书"渐得流传于世，功劳是很大的。他们的原著都已不存，但《艺文志》还保留着刘歆《七略》的大部分。这是后来目录学家的宝典。原来秦火之后，直到成帝时，书籍才渐渐出现；成帝诏求遗书于天下，这些书便多聚在皇家。刘氏父子所以能有那样大的贡献，班固所以想到在《汉书》里增立《艺文志》，都是时代使然。司马迁便没有这样好运气。

《史记》成于一人之手，《汉书》成于四人之手。表、志由曹大家和马续补成；纪、传从昭帝至平帝有班彪的《后传》作底

----

① 刘向著有《别录》。

本。而从高祖至武帝，更多用《史记》的文字。这样一看，班固自己作的似乎太少。因此有人说他的书是"剽窃"而成[1]，算不得著作。但那时的著作权的观念还不甚分明，不以钞袭为嫌；而史书也不能凭虚别构。班固删润旧文，正是所谓"述而不作"。他删润的地方，却颇有别裁，决非率尔下笔。史书叙汉事，有阙略的，有隐晦的，经他润色，便变得详明；这是他的独到处。汉代"明主、贤君、忠臣、死义之士"，他实在表彰得更为到家。书中收载别人整篇的文章甚多，有人因此说他是"浮华"之士[2]。这些文章大抵关系政治学术，多是经世有用之作。那时还没有文集，史书加以搜罗，不失保存文献之旨。至于收录辞赋，却是当时的风气和他个人的嗜好；不过从现在看来，这些也正是文学史料，不能抹煞的。

班、马优劣论起于王充《论衡》。他说班氏父子"文义浃备，纪事详赡"，观者以为胜于《史记》。[3]王充论文，是主张"华实俱成"的。[4]汉代是个辞赋的时代，所谓"华"，便是辞赋化。《史记》当时还用散行文字；到了《汉书》，便弘丽精整，多用排偶，句子也长了。这正是辞赋的影响。自此以后，直到唐代，一般文士，大多偏爱《汉书》，专门传习，《史记》的传习者却甚少。这反映着那时期崇尚骈文的风气。唐以后，散文渐成

---

[1] 《通志·总序》。
[2] 《通志·总序》。
[3] 《超奇篇》，这里据《史通·鉴识》原注引，和通行本文字略异。
[4] 《超奇篇》。

正统，大家才提倡起《史记》来；明归有光及清桐城派更力加推尊，《史记》差不多要驾乎《汉书》之上了。这种优劣论起于二书散整不同，质文各异，其实是跟着时代的好尚而转变的。

晋代张辅，独不好《汉书》。他说："世人论司马迁、班固才的优劣，多以固为胜，但是司马迁叙三千年事，只五十万言，班固叙二百年事，却有八十万言。烦省相差如此之远，班固哪里赶得上司马迁呢！"①刘知幾《史通》却以为"《史记》虽叙三千年事，详备的也只汉兴七十多年，前省后烦，未能折中；若教他作《汉书》，恐怕比班固还要烦些"②。刘知幾左袒班固，不无过甚其辞。平心而论，《汉书》确比《史记》繁些。《史记》是通史，虽然意在尊汉，不妨详近略远，但叙汉事到底不能太详；司马迁是知道"折中"的。《汉书》断代为书，尽可充分利用史料，尽其颂述功德的职分；载事既多，文字自然繁了，这是一。《汉书》载别人文字也比《史记》多，这是二。《汉书》文字趋向骈体，句子比散体长，这是三。这都是"事有必至，理有固然"，不足为《汉书》病。范晔《后汉书·班固传赞》说班固叙事"不激诡，不抑抗，赡而不秽，详而有体，使读之者亹亹而不厌"，这是不错的。

宋代郑樵在《通志·总序》里抨击班固，几乎说得他不值一钱。刘知幾论通史不如断代，以为通史年月悠长，史料亡佚太

---

① 原文见《晋书·张辅传》。
② 原文见《史通·杂说》上。

多，所可采录的大都陈陈相因，难得新异。《史记》已不免此失；后世仿作，贪多务得，又加上繁杂的毛病，简直教人懒得去看。①按他的说法，像《鲁春秋》等，怕也只能算是截取一个时代的一段儿，相当于《史记》的叙述汉事；不是无首无尾，就是有首无尾。这都不如断代史的首尾一贯好。像《汉书》那样，所记的只是班固的近代，史料丰富，搜求不难。只需破费工夫，总可一新耳目，"使读之者亹亹而不厌"②的。郑樵的意见恰相反。他注重会通，以为历史是联贯的，要明白因革损益的轨迹，非会通不可。通史好在能见其全，能见其大。他称赞《史记》，说是"六经之后，唯有此作"。他说班固断汉为书，古今间隔，因革不明，失了会通之道，真只算是片段罢了。③其实通古和断代，各有短长，刘、郑都不免一偏之见。

　　《史》《汉》可以说是各自成家。《史记》"文直而事核"，《汉书》"文赡而事详"。④司马迁感慨多，微情妙旨，时在文字蹊径之外；《汉书》却一览之余，情词俱尽。但是就史论史，班固也许比较客观些，比较合体些。明茅坤说"《汉书》以矩矱胜"⑤，清章学诚说"班氏守绳墨""班氏体方用智"⑥，都是这个意思。晋傅玄评班固："论国体则饰主阙而折忠臣，叙世教则贵

① 《史通·六家》。
② 《史通·六家》。
③ 《通志·总序》。
④ 《后汉书·班固传赞》。
⑤ 《汉书评林·序》。
⑥ 《文史通义·书教》下。

取容而贱直节"。①这些只关识见高低，不见性情偏正，和司马迁《游侠》《货殖》两传蕴含着无穷的身世之痛的不能相比，所以还无碍其为客观的。总之，《史》《汉》二书，文质和繁省虽然各不相同，而所采者博，所择者精，却是一样；组织的弘大，描写的曲达，也同工异曲。二书并称良史，决不是偶然的。

①《史通·书事》。

曹氏父子的"一家辞赋" 罗庸

　　东汉末以及三国时代之文风，并不能以曹氏父子为代表，其时隐逸者如管宁，他如吴蜀皆有文士，不必以曹氏父子概括尽之。所以然者，以《文选》之选文上溯建安故，而七子三曹之名特著焉（关于建安时代之文风，可参考《文心雕龙·时序》篇）。

　　魏武之为人，后世对之毁誉参半，按三国时足称人杰者凡三人：魏武帝、诸葛亮、司马懿。而裴松之注《三国志》时，曾多方毁谤魏武。其实魏武为人，乃东汉末一般士人之态度。时天下大乱，诸侯拥兵自雄，各以兴复汉室为口号，而成败各有不同。魏武以政治眼光招纳贤士，有三令可供参考：1.求贤令；2.敕有司取士勿废偏短令；3.取贤勿拘品行令。其中"唯才是举"乃其取才之标准。又云："负污辱之名，见笑之行，或不仁不孝而有治国用兵之术……"一反东汉士风之所趋。《魏志·丁谧传》注引《魏略》丁斐事，载斐不敦品，常盗取公物如官牛、官印等，人告于武帝，帝笑而为之婉解，可见其所招致人才之方法及其人才称盛之理由。

曹氏之搜罗人才，虽父子间亦有竞争，即当时各州牧亦好罗致人才。此事可见《魏志》廿一《邯郸淳传》注引《魏略》：淳原为刘表之门客，建安十三年（公元208年），荆州内附，淳入魏，文帝求为门客，子建亦求之。武帝乃令淳见植，植初不与言，既歌且舞，又谈天地玄黄及其文学诸技，淳出而大赞之。后文帝嗣位，淳不得已而来归门下，作《投壶赋》献之。由是可知曹氏父子之所以讲究文学，在借此以招致文学之士。今读其父子之诗文，斐然可观，盖其用心苦矣。

　　武帝遗令之文而外，犹工五言乐府。其时五言乐府为新体诗，武帝竟敢尝试之，且每诗皆可播之管弦。迨乎子建之作，已成文人五言诗矣。魏文亦颇工诗，又思成一家之言，与《论衡》《中论》并驾，因成《典论》之制，有学者癖，犹是东汉风气。唯子建最重文学，为文尚藻饰，雕琢之言十占六七，足与七子比肩。又魏以前以文为游戏者甚少（如王褒《僮约》），至魏而命题作文之风起，如魏文伤阮瑀寡妻，召七子之徒作《寡妻赋》，又有《宫中槐树赋》，有竞赛意味，使文人用心更深，而远违个性，由此至唐弗衰。

所谓建安七子 罗庸

　　七子实不通之名词，源于《典论·论文》，列孔融等七人为一串，而子建《与杨德祖书》亦遍论当时文人而不及孔融，所见甚是。《文心雕龙·时序》篇之论七子，本自《典论》与子建之书。夫七子者，并非同时相友之人，且当时能文者亦不止七子，故谓之不通。由魏文《与吴季重》①二书及吴之《报魏太子书》观之，皆以七子为侍从之臣，论七子者不可不知。

　　七子中孔融不能入流，盖融长魏武二岁，以行辈论，当为文帝世伯，其文尤为文帝所好。建安十三年（公元208年）六月，融被杀时，王粲尚在荆州，二人并未谋面。后魏文下令求融遗文，强列入七子之中，实有不妥之处。说到孔融之文，可知东汉末及三国文学之转变。桓灵以上，文人以经学为主。汉末两大作家，一为蔡邕（伯喈），一为孔融，而文学史家每将此同时代之二作者分为两期人物，以蔡归之汉代，诚以其所着重在经学故也。逮至文举而辞赋之气加重，蔡犹有党锢诸贤清流之风，文举则为猖

----

① 即《与吴质书》。

狂纵诞之士。自曹操由兖州牧兴起，朝廷中能评议时政者，唯文举一人而已，深为曹操所畏忌。后曹次第平袁绍、平陶谦，将伐荆州，过许昌，因借故诛杀之。

阮瑀为嗣宗之父，字元瑜，影响其子甚大。陈留阮氏在东汉时为旧族，瑀在家时颇有文名。魏武起自兖州，招纳贤士，而陈留适在其势力范围。世传瑀初不出，魏武以焚其村舍相挟，故不得已而出焉（此史实尚不能十分可靠）。瑀尝作《首阳山赋》（王粲及嗣宗皆有此作），作于建安十七年（公元212年，荀彧死年，为反对魏武篡汉而自杀者），此作就其所作之年月观之，实有深意。瑀之死，亦在是年。而文帝所称"书记翩翩，致足乐也"，盖赞其在征刘表前后所作，而咏怀之制，当推《首阳》一赋，有不得已事魏之隐痛在焉。

刘桢，字公幹，东平人，为七子中最平凡者，亦魏武门下最不得意之人，除文集外，尚有《毛诗义问》，可知其在家时仍以治经为主。因平视甄后为武帝所怒，罚令磨石，终身不复重用，后死于时疫。文帝称其"五言诗之善者，妙绝时人"。七子中最善徐幹，盖同乡故也。

陈琳，字孔璋，广陵人，七子中生年较久，生年不可考，死时当在六十岁左右。初为何进记室，后为袁绍作讨曹之檄。建安八年为操所执，惧甚，然曹氏竟不问前情，故终身顺服，为真正文学侍从之臣，无甚怀抱可言，遗文颇多，亦死于建安廿二年时疫。

应玚，字德琏，与其弟璩（休琏）为曹氏门下最委曲之人。

黄巾乱时，曹嵩位于三公，后迁于琅琊，及操为兖州牧，令应劭为保护之责，后嵩为徐州牧陶谦部下所杀。操怒，乃讨伐徐州，屠城廿五万人。劭惧，乃携二瑀投北海袁绍，著《汉官仪》以试操，操不咎既往。劭未及出，于成书之次年卒。二瑀居冀州，及绍死，二子争锋，为曹所破，二应俱为所得，故居门下，不敢有所作为，盖身世使之然也。

徐幹，字伟长，北海人，魏文最称其《中论》，以为"辞义典雅，足传于后"。实不应列入七子，而应入于仲长统等子家者流。幹如不为曹操所强征出仕，当如管幼安、庞士元、司马德操之以隐士终。所作《中论》，乃汉末士人对时局对症下药之作。无名氏《中论序》，表彰其建安十三年（公元208年）后，居邺下不食魏禄，茅檐衣结，生活极苦，不与曹氏合作。建安二十三年三月卒。

王粲，字仲宣，山阳人，祖四世为三公，为七子中最光彩之人物，故陈寿特为立传，实际仍为魏文士传，粲其尤著而已。十二三岁时入长安，见知于蔡邕。建安之乱，南窜荆州（十五岁前），居十二年而赋《登楼》，第十三年劝刘琮降操。最为魏武所重，位列军谋祭酒，每有征伐，必参佐戎署，未尝以困顿终其身。建安十七年、二十年伐吴皆从，卒于建安廿二年。地位在徐、陈、应、刘之前，而书记之作，不若陈、阮之多，可想见其致力多在政治方面。只《首阳山赋》一首为同赋，仍有东汉末之文风，抱兴复汉室之志，非乘时窃位之徒也。

七子外，值得提及者尚有下列数人。

杨修，字德祖，为子建唯一畏友，文学之气味也极相投。今存与子建来往之书简若干首，后为武帝所杀。

丁仪、丁廙，亦子建至友，子建尝自谦以为弗如。

吴质，字季重，盖善于自处者也。始终不为内官，常外宦以避祸。风格近于七子。

诸人文学风格，《文心雕龙》评之为"慷慨而多气"，虽辞赋气重，而不至于冗弱者，以诸子不徒为文士，盖各有其怀抱故也。

王充《论衡》尝分人之才为若干类，但未以某人工某体文为评论。至魏文著《典论·论文》及《与吴质书》，皆各于其所长之文体而称道之，如仲宣娴于辞，阮、陈长于书，伟长长于论，德琏著《文质论》，但无甚发挥。刘桢，魏文称其五言，但今所传者，罔见佳构。自此，"文非一体，鲜能备善"一语，成空论矣。

五言诗的起源（附论：文人乐府） 罗庸

　　此问题十数年前即为文人所聚讼，自民国十四年（公元1925年）起，迄十八年止，国内关于此问题之讨论甚为热闹，然有价值之论文，亦仅十四五篇而已。

　　关于此问题讨论之意见，重要者凡二派：（1）以为起源于建安，建安前虽有五言，亦不得谓之五言诗；（2）为守旧者之说法，以为当起源于西汉。

　　其实此二派所论，均未予人以文学史之线索，仅为片面之争讼。刘彦和《明诗篇》中论此问题，则以苏李诗及班婕妤《怨歌行》为可疑。五言诗源流在当时本可考订清楚，但彦和引《召南·行露》《孺子歌》等证据，以为五言字句即五言诗，又以枚叔、傅毅为《十九首》中之作者，对于五言源流仍乱而不清，马虎作结。钟嵘《诗品》总论又引《尚书·五子之歌》及楚谣，以为五言滥觞之作，亦是囫囵滑过，又引班固《咏史诗》，终是零碎而无结论。观上二论，可见五言起源之问题在齐梁时已有人怀疑，但不愿用功追究，故略举古谣以搪塞之。

　　1.《汉书》中之五言诗：如戚夫人《春歌》（《外戚传》）

及李延年《佳人歌》，皆见于《汉书》之五言诗也。《五行志》有汉成帝时童谣，《酷吏传》中《尹赏传》有《长安城中歌》，亦五言也。由此观之，西汉不得谓无五言诗，但风格与苏李诗、《十九首》不同，此值得考虑者。

2. 苏李诗见于《文选》及《玉台新咏》。苏李诗自齐梁以迄清代，人皆疑之。《文心雕龙》曾提出质疑，又颜延年《庭诰》一条评："李陵众作，总杂不类，是假托，非尽陵制，至其善篇，有足悲者。"盖自刘宋以来，即有《李陵集》行世，《隋书·经籍志》即载其集二卷，至唐而亡佚。钟嵘《诗品》径承认为李作，评语见"汉都尉李陵"条，并列为上品，以为李陵身为富家子，如不遭大难，诗乌能至此，可见梁代已无人怀疑之矣。《颜氏家训·文章篇》将陵归入汉文人之列，与长卿、枚叔并举，由是可知北朝人犹及见李集之篇籍。至唐骆宾王《和道士闺情诗启》，谓"李都尉鸳鸯之辞，缠绵巧妙"，可见初唐人对苏李诗不仅不怀疑，且竟将二人诗混集不分。刘知幾《史通·杂说篇》以为李陵《答苏武书》不类西汉文风格，殆后人伪托之作。老杜则绝不疑之，《解闷十二首·其五》首句云"李陵苏武是吾师"可知也。又白乐天《与元九书》云"《国风》变为《离骚》，五言肇自苏李"，故终唐一代，除刘知幾一人外，余子均以尊《文选》之故而深信苏李诗作非伪托者。宋苏轼《答刘沔都曹书》中有以《文选》二文之陋，如苏李诗乃赠别长安而有"江汉"之语，又李答武书字句浅薄，殆齐梁间小儿为之，而后不能辨，陋矣一说。洪迈《容斋随笔》中云《文选》苏李赠答诗，东坡谓为后人所拟，洪迈观"独有盈觞酒"，"盈"为惠帝讳而李用之，足以知其伪。下逮清初，亭林《日知录》有一条论之，仍以"盈"字避讳为根据而更发挥之，以为如唐文宗刻经，凡其上诸君之讳，经文皆缺刊，独初唐四君因祧庙而不避讳。由刘向《说苑》写"天道变盈而益谦"，易"盈"字为"满"字可知，枚乘诗有"盈盈一水间"，当亦是后人所拟托。梁章钜《文选旁证》引翁方纲说，谓自昔苏李诗，苏四李三，苏题为古诗，并未说明系赠别李者；又李有河梁之辞，与地方形势不同。《汉书》李诗"径万里兮度沙漠"，可见赠别之地非河梁矣，又"安知非日月，弦望自有时"，有后会之意，而苏李之别明系长别，则何有此句？又"嘉会难再遇，三载为千秋"，按二人留匈奴年代考之，乃在十九年左右，乌得云"三载"哉？合而观之，苏李诗非本人原作，而是合为七首者。钱大昕在《十驾斋养新录》中以为七言诗始于《大风歌》及《柏梁联句》，并无五言之体，刘彦和《文心雕龙》亦不敢断案，故五言绝非景武之世所发生，成帝以前之作，当以伪托之作视之为较当。

综上材料观之，东晋以迄齐梁，但有李陵诗风行于世，并无苏李并称之名，自《隋书·李陵集》及钟氏《诗品》列李为上品而不及苏，可知也。唐人尊《文选》，始不甚怀疑，而自宋迄清，则聚讼复起。

3. 班婕妤《怨歌行》，亦见诸《文选》，至《诗品》当作班一家之作，列为上品，以其源出自李陵。发疑者自宋严羽《沧浪诗话》始，谓乐府以此作为颜延年所作，盖所见为唐写本故也。

4.《古诗十九首》。按"古诗"之名实肇于南朝齐梁时，凡古诗传诵而作者不明者悉以"古诗"名之。而《十九首》之纂集，实《文选》所作俑，盖《文选》中每文之选入必注明首数，此古诗特援其编制之例耳。钟氏《诗品》仍只用"古诗"之名，而推其源出于《国风》。其他尚有《十九首》之外无名古诗，《诗品》称四十五首，今悉亡佚，但存八首。诸诗多杂乱而体格不类，《十九首》因《文选》之故而独全，余八首则无人理会。《玉台新咏》将《十九首》之九首题为枚叔之作，《冉冉孤生竹》题为傅毅之辞，故其问题曾为学者所聚讼，今犹未决。

5.其他的两汉五言诗，诸作皆有确证，非伪托之作。如汉《铙歌十八曲》中之《上陵》一首、班固《咏史》、张衡《同声歌》、赵壹《疾邪诗》、秦嘉《留郡赠妇诗》及答诗、郦炎《见志诗》等。

建安以前五言诗之材料，大致有上述之五类。聚而观之，姑置前人及个人成见弗论，客观论之，此五类诗又可分为两部分：其一为质朴的，如《佳人歌》、成帝时童谣、《咏史诗》等；其二为情韵深长的，如《十九首》《怨歌行》《留郡赠妇诗》、苏李诗等。比较而言，则当以质朴者为早期作品。就文学史立场观之，从五言诗未成体到成体之间之过程，观其变化种种，即能言时代之先后。即以《诗经》为例，今所见多系四言，然其中五、六、七、八言亦甚多，可见诗之原作并未十分整齐，后因入乐关系而削足适履成为四言，由清人三家诗注所引之诗字句参差不齐可证。又经书所引亦多杂言韵体，故一体成定型之前，必经若干参差不齐之形式，最终乃成定型。即以词为例，五代词各调之句字互有不同，南宋而后乃定其格。故五言诗之发展，亦当作如是观。

过去言文学史者，每以《诗经》与《楚辞》为截然不同之两种诗体，至于汉《郊祀歌》中之《白马》，又为新兴之体，而五言诗则又截然与之不同。按《楚辞》之文法，常将动词、助词置于句前，如"纷吾既有此内美兮"，故人恒以楚文学为单独之发生者，与诗之四言体无关，实误。此由楚乐不同所致。盖将诗之四言增至七、八言，于其四字句外，另加衬字，乃成《离骚》之体。故《楚辞》之形式实亦源于《诗经》，《九歌》时代最晚，犹可见其衬字变化之线索。其初当为两字一组，中间加一"兮"字，后乃四字一组外加"兮"字，故《楚辞》形式不得谓与《诗经》无关，如摘去"兮"字，即成四言、三言之词句，迹甚明显。汉之《郊祀歌》亦源于此，独五言诗乃独起之风格。

汉代民间流行之歌均多四言，如高帝《鸿鹄歌》、朱虚侯之《锄非种歌》[①]等是。又有一种三言诗而杂"兮"字其间，如高帝《大风歌》、李陵送苏武诗皆是。又汉代字书如《急就篇》，今读为七字句，实则原本无断句，是依汉乡儒读书之习惯口语而断成七字句耳。故五言之来历仍无可考。（然《急就篇》每句有韵似又不可解矣。）

吾人今欲于现存汉诗材料中寻五言诗起源已不可能，但从

---

① 即《耕田歌》。

《汉乐府》中约略得其端绪，尤其是《相和歌辞》与五言相近。此种民歌自西汉即流行于河北、山东一带，在王莽时已数见之，唯句法尚未固定，故为大雅者所不取。史传乐府成立于汉武帝年间，据今考证乃在成帝时代，下迄东汉。乐府采诗益多，因入乐关系，字句渐趋一定，遂成五言字句。就乐府诗与五言诗之关系言，约分下列三原则：

（1）汉乐府由杂言变成五言。

（2）故事诗发展为抒情诗。

（3）早期朴质，后增为华饰。

关于第一点，为中国文学史上不移之定理，一种文体在成体之前必经过音乐之阶段，由音乐进而为整体。普通民谣多同口语，参差不齐，观《周颂》及《汉乐府·铙歌》（如《乌生八九子》）皆可知之。及流行既久，配入音乐，而有整齐之节奏。汉乐府以《相和曲》为第一步，只有节奏而无音调；次而为《清商曲》，为《瑟调曲》。如《周颂》，初只用钟磬，后乃和以琴瑟。《相和曲》中如戚夫人《春歌》，虽为五言，但依杵臼声而成节奏，为《相和曲》之初期作物，其后诸曲配以箫管，更为动听，而句法为节奏之故不能不整齐矣。将《豫章行》（纯五言诗）与《乌生八九子》相比，题材全同，而因音乐关系，句法遂尔不同。其后由管乐进为弦乐，民谣遂正式变为乐府。管乐无泛声，乐止声绝；而弦乐则有泛声（过门），此足以使乐府诗分成若干段，其间以弦乐之泛声相连。故恒见汉乐府中有"分解"之形式，此中发展至少有二百年左右。其初仅有节奏而无乐与之相配，自西汉初迄东汉末，即为《相和歌》时代；汉末，乐府诗成立。由叙事变为抒情，质朴变为华丽，《清商曲》及《瑟调曲》先后成立。以是而论，五言诗之是否西汉之作可知矣。

《文选》所选《古诗十九首》，有的在晋乐府中犹为歌词，如《西门行》之"人生不满百"，即《十九首》中之一段，可见古诗原有由乐府之片段截来者，其时代至少当在乐府成立之后。故五言诗之生命，为北方之民谣而发展为乐府诗，时代约在东汉之末。所谓古诗者，乃晋人收乐府诗时所残余部分，故魏武父子既善五言，又长乐府，持与《十九首》相比，风格意境相去孔迩矣（《诗经·颂》用打击乐，《雅》为笙诗，《风》用琴瑟）。

故苏李诗及班婕妤之《怨歌行》，由上之线索推之，明显地非本人之作，而是汉末人有代古人说话之风气，因而拟制者。

附论：文人乐府

曹氏父子之诗是否能全部入乐？有人主张可全部入乐，唯吾人意见以为，曹氏父子有专为乐府而作之篇什，此类当能入乐；亦有自我抒情之作，是不能入乐者。尤以子建之作多抒情之篇章，不一定皆能入乐。自西晋而后，文人乐府与乐工乐府相别，痕迹甚明，如陆士衡乐府之作若干篇，即个人抒情诗而不能入乐者。故今日观《十九首》之可爱，以其不独富于词情，且具有声情之美，两汉五言与魏晋五言之分野在此。而曹氏父子实此风气之转变者，古乐府遂及此而亡。

文气说之由来及其影响 罗庸

自魏文《典论》之作迄刘舍人之《文心雕龙》，为中国文学理论之完成时代，为前此所无者。中古文学理论兴起，盖自此肇端。

先秦诸子之撰作，个性表现极明，迄汉则作者个性隐于浮躁，魏晋之际，则个性复明矣。何以如此？则为文气之所影响也。

《典论》之文云："文以气为主。"即文气说之首倡者。中国古代文学理论，杂见于《论语》《礼记》各书中。及扬子云著《法言》，将词赋与著作家分家，然仅分文人之类而已。至班氏著《艺文志》，特列《诗赋略》一项，是则文学初具独立之形势矣。东汉王充于其《论衡·超奇篇》中，分学者为通人、奇人、鸿儒各类，然犹未道及作者与作品之关系。魏文则始以作家与作品关系论文，其源出于汉末汝南许劭之《月旦评》（多七字句），再上溯当受西汉察举制之影响。夫当时善观人者莫如党锢诸贤，迄建安此风气犹盛行于文人之间，故魏文《典论》之作，实袭故法以论文者也。后刘劭作《人物志》，盖亦源于此。由是影响，建安时代文人作品与其人格相去不远，中国文学理论自此开一新纪元。

文气说始于建安，其材料仅于二文中见之，即魏文《典论》之文及《与吴质书》，可归纳为四点：（1）"文以气为主"，为文学理论之最高标准；（2）"徐幹时有奇气"，则是以一字形容其气者；（3）"孔融体气高妙"，"体气"连作一名词用；（4）应场"和而不壮"，刘桢"壮而不密"，此不直言气，而以"和""壮""密"等字形容气之状况。下迄《文心雕龙》之论文气，其理论之纲领实已大备于建安。

《大戴礼记·文王官人》一篇，为中国最古之才性论，主张观人之气性以定其官职，西汉已应用之于察举制。如孝悌力田，即是无形中训练乡里观人之风。下及东汉，此风气已养成三四百年，故汉季党锢中人最善于观人之技术，《后汉书》之《郭泰传》《许劭传》，俱可见当时品人之风尚。且《党锢传》中诸贤品人之语，多为世所传诵，如郭泰之以水评黄叔度、袁奉高，许劭之评曹操、陈寔个人之遭际，均应验不爽。劭与其兄在汝南，每月举乡里闻人而评之，列榜示众，时谓之"汝南月旦评"，后多为七字句。仲长统著《昌言》，今据其逸文知为言人气质之学。刘劭《人物志》出，则才性论正式成立。至魏晋之间，一部分化为魏文文气说，一部分成为清谈家之哲学问题。陆士衡《文赋》中尝以一二字评文章之体，即文气说之余脉。《文心雕龙》中关于文气者则有下列诸篇：如《风骨》《体性》篇中皆尝引魏文《典论·论文》之语，以为文之成立重在风骨，而能感人者则有赖体性。列文之体性八种，亦即八种人之性格，由不同性格而写成不同之文体。又有《定势》《养气》二篇，皆自文气说推衍而成，故此时可谓文气说之完成时代。至唐韩退之起而提倡文气（见《答李翊书》），然此"气"近于孟子所谓"浩然之气"，与魏文所谓才性论之"气"有别，但有上下相承之一贯趋势。

正始玄风 罗庸

此本哲学史问题，然其对于三国以后文人之人生态度影响大，故举而论之。

俗所谓"清谈家"乃笼统之名词，实则西晋正始之谈玄者，固不同于三国末之竹林七贤，唯后此两派均有势力，而以正始清谈派势力为最大，因卒转成哲学之风气。

孔子曰："其人存，则其政举；其人亡，则其政息。"自建安诸子慷慨任气、磊落恃才之态度不适用于魏晋之间，此辈文人不复能扬眉吐气。求富贵者，必归依政治势力之下；不求富贵者，亦不敢"月旦"时局，乃放浪形骸，游心玄妙，作超实际之理想，此竹林七贤之所从出。渠辈既不能如建安名士之趾高气扬，又不愿如西晋名士之寄迹于权门，故形成变态之人生观，吾人名之曰旷达，然与正始玄风异趣。两派中以前者影响最大，渊明即承此而为嫡系；而乐广之流，则守何、王之正统，转为纯哲学矣。

何晏、王弼诸人学术思想之材料，主要者见于《魏志·曹爽传》《魏志·钟会传》，以及王注《老子》、何注《论语》等。

文人至此而风气一变。表面观之，何、王似难逃破坏士气之罪；而自内深察，则是政治影响所使然。在行为方面，何晏、邓飏为一派，王弼则以早夭（廿四岁）故较何、邓为佳。按何本何进之孙，后其母为魏武所收，遂长于魏宫。文帝疾之，号曰"假子"。故何实一富家子而好老庄之学，夏侯玄、邓飏皆与之同派，明帝时皆不起用，至齐王芳即位，曹爽执政，数子乃得抬头，互相标榜，以玄风相尚，为党锢之遗风。自数人起，老庄、《易经》遂为时所重，所谓转移风气者以此。何尝注《老子》，见王注而尽弃之，乃别作《道德论》，今不传。其文传者甚少，唯《论语注疏》行世。王弼事详《魏志·钟会传》。少好玄谈，尝见裴徽，徽以"无"问之，对曰："'无'为圣人所体会到者，但不可言传，故不常言，《老子》全书虽是谈'无'，其实是谈'有'。"徽大叹服。何晏因而思纳交之。傅嘏又常与之谈圣人有无喜怒哀乐问题，王今犹有论此类问题之短文传世。大致观之，何、王可归为一派，盖同出自老庄、《易经》者，以今言之，即所谓形而上学也。傅嘏、钟会、荀粲三人又为一派。傅事详《魏志·王粲传》，当时傅对何、王之行为颇持异议，劝曹爽勿用之。其持论与何、王异者为才性同异，至晋称为"四本论"，即分人才性为四范畴，傅、钟尝细论之，钟辑而成《四本论》。荀粲虽哲学不如钟、傅，而以反对何、王之故遂成同契，其事见《魏志·荀彧传》。粲长于谈"立象尽意论"。数子中，王最早夭，荀死年廿九，钟死于三十岁，故人恒谓《四本论》为钟会所辑成。钟主"《易》无互体"（"互体"旨为一卦可演数卦，并与他卦相通）。明上述诸人之生活态度及学理，可知其与阮、嵇之异，此正始玄风所以异乎西晋清谈者也。

总之，诸子以时代之影响不敢正面讨论政治问题，乃避而讨论超人生问题，此其相同之处。至于生活态度，则傅、钟等犹有东汉士人之风，余子则为魏晋玄风之始。

论阮籍、嵇康 罗庸

　　阮、嵇之事，最早见于《三国志·王粲传》批注，"竹林七贤"之名盖起于此。"竹林"从何解释，颇有异说。其次见于《晋书·嵇康传》，复见于《世说新语·排调篇》，再见于《山涛传》，又见于王戎、阮咸、刘伶诸人之传。由此种种之记载，遂成"七贤"之定名。然自诸人年代先后、出处时代排定，知七人并未同时宴饮于竹林间，故竹林说既未定，而七人同饮事又无考，而世传"竹林七贤"之名，实不甚通。

　　以年代排比来说，山涛之年最长，王戎最幼，自山生迄王死，为时整整百年，其文学光芒亦随时代俱灭。今略论七人于次：其生卒年月可考者有山涛、阮籍、嵇康、王戎，而向秀、刘伶、阮咸三人则不可知。

　　七人中唯阮籍为当时世家，盖陈留阮瑀之子，为曹氏育成人。及长，适司马氏执政，爱才而多忌刻，非阮出不可，故阮以委曲终其身。其性刚直而有抱负，乃不能不过变态生活以求避祸。其学问以儒家为骨干，虽亦研道家之学，然非其本心，观其家书告子勿学阮咸之纵诞可知矣。行为极谨慎，口不臧否人物，或闭户读书，数旬不出；或登山临水，累月忘归；或率意独驾，车辙所穷，乃恸哭而返，卒得保首领以殁。

嵇康幼依母氏，其性娇生惯养，及长，见世事不可为，乃隐去，而朝廷特征命之，不得不出，且以婚于曹氏而得为世家，因托故退隐而韬晦，平居与吕安、山涛相近，互相标榜。及山出仕，嵇作书与之绝交。其后吕安为其弟巽所告，以不孝罪入狱，株连及康，并遭杀戮，此事甚怪。考其受祸原因，当别有隐情。康素好为《广陵散》，袁孝尼欲得其传，而康故作神话以拒之，故临刑深致歉惋。据今人考证，知其曲所奏即战国聂政刺韩傀之故事，曲中有杀伐声，康盖借此以寄意，终成丧命之由。自《养生论》观之，其思想较阮为近于道家。

山涛为显官，提拔人才甚多，故为一代士子领袖，学问无多表现。

王戎性极鄙吝，勉强配入七子，思想无多表现。

刘伶如不与七贤游，则可以入《隐逸传》，盖隐于酒者也。

向秀最大贡献为《庄子注》，后为郭象所窃，故今无《庄子》向注本传世。

阮咸思想与乃叔同属儒家。

七人中唯嵇、刘、向三人为道家，余均为儒士。

七贤有下列诸特点：（1）任放。（2）慷慨。（3）淳厚——七贤皆热忱忠爱，与清谈家之浮纵其情根本不同。（4）好老庄家言——清谈家为口头之说白，而七贤之任达则以为陶情之学。或曰清谈家好易老，任达家则好老庄。（5）耽酒——七贤除嵇康外，皆嗜酒，山涛饮八斗方醉。凡受道家影响者，不饮酒而好服食，故清谈家多好服食而不甚饮酒。（6）好音乐——清谈家不甚好音，任达家则好之。如阮籍善啸，阮咸善弹琵琶，嵇康善弹琴。以此标准可评定两晋名士，如其好音乐者，必近于竹林名士，于天下国家尚有抱负，如谢安即是。（7）韬晦——七贤皆有自知之明，非不得已不出，甚至不妄交游应对，与清谈家之急于仕进者大有不同。（8）周谨——任达家表面似甚放纵，实际则甚谨慎，如阮籍口不臧否人物，喜怒不形于色。故所谓放达只是末节，此所以异于清谈家者。而嵇康之遭祸，实由于周谨不及所致。以其尝于锻炉前轻忤钟会，由是结怨。今观其诫子家书，固周密极矣。故阮之得保首领，山之得久在官，皆以此故。（9）遗世——阮有《大人先生传》，嵇好道术，皆遁情世外者也。（10）自忏——刘伶之外，余皆自忏，嵇阮之诫子家书可资佐证。

在西晋潘、张、二陆未起之时，当时学术仅上述两派，故产生名理持论之文学。后两晋名士之生活风格及兴趣，全是任达派之流裔，在文学上亦承任达之风。故论此时文学，首当注意其生活态度，然后再观所反映之文学。此时文人之心性犹相去不远，晋以后则日趋日远矣。

山水文学之肇始 罗庸

　　此题主旨在说明谢灵运诗风格之来源，盖其影响隋唐文学至大。试读《诗经》，北方文士对客观风景之描写使独立成一单元者实不多见，乃附于事中杂言之，故《诗经》终不能发展成赋。而《楚辞》则重大量描写，此是南方文学之特点，因变而为汉赋，形成字典式的赋体，而客观描写又绝。唯地志书记山川，迄西晋而无正式山川文学产生，即此之故。

　　在谢灵运以前，完全写山川之诗极少，文章更少，欲求此类材料，东晋之前唯二路可循，其一观记述山川之书，其二观描写山川之文体。《隋书·经籍志》记地理之书凡百三十余种，可分为十类：（1）记山水虽加入故事，然少描写风景，如《水经注》；（2）记都邑，如陆机《洛阳记》、盛弘之《荆州记》；（3）述行，为后世游记之始，如戴延之《西征记》；（4）记风土，如周处《风土记》；（5）记域外，如法显《佛国记》；（6）神异记，如《十洲记》（托为东方朔撰）；（7）总集，如陆澄《地理书》，乃集他人关于地理之记载而成之抄本；（8）记寺塔，如杨衒之《洛阳伽蓝记》；（9）图经，如无名氏《周地图记》；（10）记物产，如许善心《方物志》。由以上十类可得一结论，即其著书目的在于实用而不在欣赏景物，近于历史者多。再自三国迄西晋之末，观其文人单篇之山川描写多用赋体，用散文描写者绝少。唯用赋之弊在观察不深，喜叠用前人旧句，其欣赏风物之程度实甚肤浅。至东晋而散文之记以出，如王羲之《游四郡记》、慧远《庐山记》，但仍自地理书蜕化而来。再有一种，不是单独成篇，而是在诗序中夹入描写，将诗可能之情韵移入文章，而终未能独立，如王羲之《兰亭集序》是也。

南方山川远胜朔方，故自晋室南迁，北人乍见此景，不知不觉自口头加以描写，后移入文字，然用韵文良多拘束，不足以容其新创之词汇，故有散文记之产生。至谢灵运乃回头将山川之描写入于韵文，故能卓然成家，然犹时见其笨重处。迄惠连、玄晖而日有进步，工而弥巧矣。其后有鲍照《芜城赋》，江淹《江上之山赋》《哀千里赋》，又将山川情趣移之于赋，然已非西晋之旧格。其始山川之散文描写多夹入当时文人之书简中，始鲍照《登大雷岸与妹书》、吴均《与朱元思书》。至齐梁而山川之描写文大备，《文心雕龙》有《物色》篇，即论此问题者。唯极盛之后，终以衰落，盖文人专事物色之描写，徒托空言，毫无情韵，深为简文帝所嗟叹。故就发展大势而观，有情有韵、文质相称者，唯灵运一人而已，其势迄唐世而不衰。

萧梁一家之文学 罗庸

《南史》卷七十二《文学传序》可资参考。

吾人可以两点说明：（1）自南齐以来，诸王好文，广结文士或养客，梁武即为竟陵八友之一，及为帝，乃益畅其风；（2）武帝、昭明仍守南齐旧风，而简元帝则开陈隋之风气。

梁武帝（讳衍），宋大明八年（公元464年）生，太清三年（公元549年）卒，年八十六。

前言世族有兰陵萧氏，故论此时期文学，应合齐梁而言。《梁书》本纪："竟陵王子良开西邸，招文学，高祖与沈约、谢朓、王融、萧琛、范云、任昉、陆倕等并游焉，号曰'八友'。"就文学之盛言，竟陵王之西邸文学实南朝末之最盛者，然其年代甚促，而梁武在位久，西邸诸文士多活动于其朝代，故名转在西邸之上。武帝好学，曾新疏五经，于玄学则撰《老子义疏》，又撰有《通史》，又能自疏佛经。史称其下笔成章，著述宏富，有百二十卷。就其学问广博，著述之多，人才之盛，父子能文而言，较建安曹氏实有过之。

昭明太子（名统，字德施），齐中兴元年（公元501年）生，梁中大通三年（公元531年）卒，年三十一。

南朝晚年，文风及思想与夫治身种种，昭明实与武帝相近。性均保守，操守颇严。史称其集凡二十卷，又集古今典诰凡十卷，曰《正序》，诗选曰《诗苑英华》二十卷，又《文选》若干卷。其才分极高，其文学主张见于《文选·序》云。

简文帝（讳纲，字世缵，高祖第三子），天监二年（公元503年）生，大宝二年（公元551年）卒，年四十九。

在当时，萧梁父子颇以魏武家自况。简文六岁能文，高祖面试赞曰："此吾家之东阿也。"南朝宫体诗自简文始。《梁书》本纪："雅好题诗，其序云：'余七岁有诗癖，长而不倦。'然伤于轻艳，当时号曰'宫体'。"简文之好宫体，良以幼年受徐摛师傅提倡之影响。故东海徐氏，实传齐梁文风有力之家族。简文与元帝虽同归一路，但文学主张颇有异同，为齐梁风格转变之过渡人物，其文学主张见于《与湘东王书》。

梁元帝（讳绎，字世诚，高祖第七子），天监七年生，承圣四年（公元555年）卒，年四十八。

《玉台新咏》与《文选》作风不同，即梁元帝与昭明之不同。大约昭明所接触者多其父之旧臣，故思想较为保守，形成选体之作风；而梁元帝年轻，喜与徐孝穆相酬答，故全开陈隋风气。

安成王秀（太祖第七子），宋元徽三年（公元475年）生，天监十七年卒，年四十四。

本传："招学士平原刘孝标，使撰《类苑》，书未及毕，而已行于世。"按类书之编辑自魏人始，后朝代更易，欲排遣文人故国之思，乃命撰类书以为事。类书之用，自齐梁始，盖当时文人多不肯念整部书，而又喜创作篇什，于是乃竞以记诵类书为博矣。《类苑》一书，至隋唐而亡佚。

从陆机《文赋》到刘勰《文心雕龙》（附北朝文论）　罗庸

《文心·序志》篇："详观近代论文者多矣。"至"无益后生之虑"。

《诗品·总论》：从"陆机《文赋》"至"而不显优劣"。

以上二文所举各家，有的已无遗文可寻，有的尚余残篇，今特整而辑之。西汉论文者特少见，故列以东汉为始。

1. 东汉

桓谭《新论》。《后汉书》云："桓谭著书言当世行事二十九篇。"今已亡佚，但有严辑本之佚文，而其论文之言已不可见。

王充《论衡》。《自纪篇》云："夫口论以分明为公，笔辩以获露为通，吏文以昭察为良。深覆典雅，指意难睹，唯赋颂耳。"此可代表汉人对文体整个之看法。又《超奇篇》："故夫能说一经者为儒生，博览古今者为通人……能精思著文、连结篇章者为鸿儒。故儒生过俗人，通人胜儒生，文人逾通人，鸿儒超文人。故夫鸿儒，所谓超之又超者也。"故汉人以能著书者为高，如子桓《典论·论文》之赞徐伟长，痛惜应德琏，犹是抱此种见解。

2. 魏

文帝《典论·论文》《与吴质书》，曹子建《与杨德祖书》，刘桢奏记诸作（今佚），应场遗文（今佚）。前三篇篇幅虽短，而对整个文体之看法几乎面面俱到。良以曹氏昆仲之文，均以成一家之言自许，故着眼立论，迥乎不同；而于辞赋则直以小道视之，至陆机《文赋》之出，文体说始终略备焉。

3. 晋

陆机《文赋》凡十段（序及首段不计）。首段之构思说，后发展为《文心雕龙》之《神思》篇。第二段言措辞，当于《文心雕龙》之《章句》总述篇。第三段分叙各种文体，当于《文心雕龙》之前五卷。第四段言声迭代，当于《文心雕龙》之《声律》篇。第五段文繁理富之言，当于《文心雕龙》之《风骨》《定势》篇。第六段言不袭前言，当于《文心雕龙》之《通变》篇。第七段叙文法太繁，无法备述，当于《文心雕龙》之《熔裁》《附会》篇。第八段叙文虽苦构成章，读者是否领略，当于《文心雕龙》之《知音》篇。第九段当于《文心雕龙》之《养气》篇。第十段当于《文心雕龙》各篇之赞，故《文心雕龙》之所以有赞，盖受《文赋》之影响极大。《文赋》一文实中国文学理论之瑰宝，然今所传，已经后人裁剪，似非全璧，他书所引《文赋》词句为本篇所无，即此可证。

陆云《与兄平原书》三十五篇，今佚五篇，皆论文之作，唯多吴语，看殊费解，读之可为《文赋》注脚。

挚虞，《晋书》卷五十一本传：字仲洽，京兆长安人。永嘉五年（公元311年）卒。本传："撰《文章志》四卷……又撰古文章，类聚区分为三十卷，名曰《流别集》，各为之论。"按《流别集》为按类选文之文选集，至隋以传抄之困难，分为二部。《流别集》凡四十卷，而《流别集》论文二卷，以后者为较通行，至唐而亡。今严辑本犹存十一条，其面目大约仍自《文赋》之分体而加阐述者。

李充，《晋书》卷九十三《文苑传》："李充，字宏度，江夏人。"《隋志》载其《翰林论》三卷（注曰梁五十四卷），严辑本一卷，凡八条，外《诗品》引两条，共十条。观此佚文知此亦文选之书，而后人仅抄其论，后并论亦亡佚矣。

应贞，为应休琏之子，今存文九篇，不见论文之作。

葛洪著《抱朴子》，外篇为子书，《辞义》《钧世》二篇即论文者。

4. 宋

凡三家有足述者。王微《鸿宝》（《隋志》列为杂家，十卷，今佚。《诗品·总论》特举之）、范晔《自序》（始终不出《文赋》范围）、颜延之《庭诰·论诗》是也。

王微《鸿宝》，见《宋书》卷六十二本传。《隋书·经籍志》杂家类书《鸿宝》，无撰人。

范晔，事详《宋书》卷六十九本传。《狱中与诸甥书》自序"常耻作文士文"一段，为《文心·指瑕》篇之大意。"常谓情志所托，故当以意为主，以文传意"一段，为《风骨》篇之大意。"性别宫商，识清浊，斯自然也"一段，为《声律》篇大意。"本末关史书"一段，为《史传》篇大意。此皆彦和之有得于蔚宗者也。

颜延之《庭诰·论诗》，见诸严辑《全宋文》卷三十六。"至于五言流靡，则刘桢、张华；四言侧密，则张衡、王粲；若夫陈思王，可谓兼之矣"与《文心·明诗》篇大意相近。

5. 齐

沈约《宋书·谢灵运传论》为《文心·时序》篇、《才略》篇、《声律》篇之所本。沈书盖杀青于齐代，故列于此。

刘勰，字彦和，东莞莒县人，事详《梁书》卷五十本传，《南史》卷七十二本传。《文心雕龙》完成之年代，今虽无定论，然大抵完成于齐代。兹拟彦和年表于下：

宋明帝泰始元年（公元465年）当生此年。

齐武帝永明元年（公元483年）年十九，依沙门僧祐居。

齐明帝建武元年（公元494年）年三十。《文心·序志》篇："齿在逾立，则尝夜梦执丹漆之礼器，随仲尼而南行。"《文心雕龙》之作，当创始于此时。

梁高祖天监元年（公元502年）年三十八，起家奉朝请。

天监三年年四十，中军临川王宏引兼记室，迁车骑仓曹参军，出为太末（今浙江龙游）令。

天监十年（公元511年）年四十七，除仁威南康王记室，兼东宫通事舍人，迁步兵校尉，兼舍人如故。

梁武帝普通七年（公元526年）年六十二，临川王宏薨，撰《定林寺经藏》，出家改名慧地，未一年而卒。

此年表对吾人之读《文心雕龙》或不无小补。盖以出处行踪考之，此书当完成于齐代。

自先秦诸子以迄《文心雕龙》之完成，无一书有如《文心雕龙》之整齐、组织完整，其不轻用字乃受佛经影响者。其次，《文心雕龙》将《原道》《征圣》《宗经》《正纬》列为篇首，以明文之来源，且列道于圣上之前，亦是受佛经影响所致。读此书时，吾人对《文心雕龙》以前之各类典籍尤不能不多方涉猎也。

《文心·序志》篇自分其书为二部：一部论文，一部论笔。后此文人受佛家影响者更少，故此书不仅前无古人，且亦后无来者。又彦和当时所见之材料至今百难见一，欲为作注，当更难矣。

6. 梁

昭明太子《文选·序》为一重要文献。又《答湘东王求文集及诗苑英华书》云："夫文典则累野，丽亦伤浮。能丽而不浮，典而不野，文质彬彬，有君子之致。吾尝欲为之，但恨未逮耳。"亦可见其论文之要旨。

萧梁一家文学，武帝、昭明为一派。武帝论文之作今不可见，昭明之看法仍为东汉以来之正统观念，上举二文，可窥见其略。所申凡二义：一为将特立言之作置于文外，为文作一较明确之范围，所谓"事出于沉思，义归乎翰藻"，虽未明分文笔，但实际已将文笔判然划分，异乎寻常一般所谓之文也。其次则力主丽不伤浮，典而不野，对鲜艳绮靡之作，不甚以为然。而简文辈则完全走开新之一路，《诫当阳公大心书》云："立身之道与文章异。立身先须谨慎，文章且须放荡。"《答张缵谢示集书》云："不为壮夫，扬雄实小言破道；非谓君子，曹植亦小辩破论。论之刑科，罪在不赦。"《与湘东王书》云："若夫六典三礼，所施则有地；吉凶嘉宾，用之则有所。未闻吟咏情性，反拟《内则》之篇；操笔写志，更摹《酒诰》之作。迟迟春日，翻学《归藏》；湛湛江水，遂同《大传》。"此皆简文之论文主张，与昭明所见迥异。其《与湘东王书》对唐代古文复兴有反作用之影响，韩柳之"非先秦两汉之书不敢观"，实针对简文之论而发者也。刘彦和列《原道》《宗经》于篇首，亦是受传统看法影响而然。元帝论文作见于《金楼子·立言篇》，分文人为若干类，及文笔分立之因由，较之简文又与武帝稍近。

萧子显《南齐书·文学传论》，乃仿沈休文《谢灵运传论》之体例，由建安说起，然多述文学史实，而少正面主张。

刘孝绰作《昭明太子集序》，其言论亦可代表旧派，与武帝、昭明同一风格。

裴子野尝作《雕虫论》，简文称其不擅篇什之美而是良史之材。裴则与简文主张立相反地位，反对华饰之文，立论必根据经史，为唐宋古文家理论之最早根源。

钟嵘作《诗品》。钟氏大抵与刘氏同时，两人年纪相差不过五岁，《诗品》之作，或当晚于《文心雕龙》十年左右。

《诗品》之作，盖亦时代之产物。自挚虞辈选文为若干类，各取代表作数篇，又为每作家作评传，其风遂靡于一世。《诗品》一面为古诗人发榜，取范于《汉书·古今人物表》，一面又论作家，列范文，同于晋世以来文学理论书之编法。其缺点凡二：（1）眼光不甚高；（2）内容庞杂，无甚体系。其论诗唯《诗品·总论》论赋比兴一段略有头绪："若专用比兴，则患在意深，意深则词踬；若但用赋体，则患在意浮，意浮则文散。嬉成流移，文无正泊，有芜漫之累矣。"但《诗品》对使事过多亦深贬斥，且以《诗经》为正宗，虽理论不及《文心雕龙》完密，然比较仍是旧派看法。

7．陈

陈国祚甚短，其文士又多梁人，故可举者唯后主一人而已。

后主有数短札论文足可举者，中以《与江总书悼陆瑜》一书为较著，但甚肤浅。故南朝文学理论，实可至简文而止。

8．北朝（附）

邢劭，《北史》卷四十三《邢密传》："劭，字子才，河间鄚人。"有《萧仁祖（悫）集序》。

颜之推，《北史》卷八十三《文苑传》："颜之推，字介，琅邪临沂人。"有《家训·文章篇》。

由二人之论文看来，南朝文学理论虽是大变，然影响北朝不深，故北朝论文观点仍守东汉之旧。《颜氏家训·文章篇》内容丰富，又深明南朝文学理论之精华，唯立论之见仍是北派，故可作为六朝文学理论诸作之总结。

南朝文学理论，末流所趋，已入于考试制中，而北朝之文学主张则为唐代古文家之所本，唐古文家之反对考试，盖有由矣。

《昭明文选》与《玉台新咏》 罗庸

　　《昭明文选》一书，自陈迄唐初，影响并不甚大，至高宗景龙以来，科举文字兴盛，而举子皆宗之，遂成所谓"选学"。关于《昭明文选》一书之传说，当为唐以后所流传，盖当时类似《昭明文选》之书甚多，此书并不十分出色而为士林所重，按此书升降之关键，实在开元年间。

　　中国文学之集部、别集始于《蔡中郎集》，总集始于《建安七子集》。至于选文而为教本，其事较晚，晋世李充《翰林论》、挚虞《文章流别集》即是一例。然其传世，又不单靠选文，而是独有议论在焉。无议论以选文传世者有宋临川王刘义庆《集林》，《梁书》载二百卷，《隋志》载百八十卷，唐后始佚。此外有孔逭《文苑》一百卷。

　　其后各书皆亡，《昭明文选》独存，遂大行于世。其序一篇，当亦如《翰林论》及《文章流别集》之性质，关系极为重要。关于《昭明文选》一书集成之历史文献甚少，唯《梁书·王筠传》及《王规传》略有数语，其余传说均无历史根据。大抵此书起于扬州，由是而入洛，去鲁，再传至长安。

《昭明文选》成书年代当在普通七年（公元526年）到大通三年（公元529年）之间，盖其中之文最晚作者为陆倕，倕卒于普通七年，而昭明适卒于大通三年故也。

　　文体分类自陆机《文赋》、刘勰《文心雕龙》、挚虞《流别》以后，南朝人对文章分类极为琐碎而不具体，《昭明文选》即在此情形下产生者。如立"七"为一体，即不甚妥。又列诗赋为首，影响后世编集之排列甚大。又其眼光不甚高，文章真伪不辨，如《诗大序》《长门赋》《苏李诗》皆伪作，而昭明一例入选，且无辨正。又其中有的文章有割裂而不全者，如贾生《过秦论》、魏文《典论·论文》、嵇康《养生论》、陆机《文赋》，原文皆有所简缩删削者，由其他遗书引证文字可以见出，《昭明文选》亦未有申明。不过有些文章赖《昭明文选》以传，别无他体，后人遂不觉其割裂耳。自《昭明文选》而后，历朝各有文章选本，如《唐文粹》《宋文鉴》等是也。

　　《玉台新咏》其书甚怪，题作徐陵撰，其序能解者甚少。此书价值在唐以来远不如《昭明文选》，唯清人对此书新旧本之考订甚详，如朱彝尊之跋是也。

　　其中有皇太子御制诗若干首（简文作），又立有简文诗若干篇，当系后人所附益。由此可考成书年代，盖在简文为太子后也。

　　梁元帝有徐淑妃。妃，东海郯人，为后宫之能文者，唯品行不佳，元帝废之，使居寺中。相传帝作《金楼子》曾记其事，但今本《金楼子》中已不可见。梁后宫极简单，自昭明以迄元帝，后宫宫人能诗如汉世《房中歌》者舍徐淑妃莫属，且孝穆之得宠未始与淑妃无关，故特命撰成此书以进之。后妃被罪，人并贱此书，于是孝穆亦不敢自认为此书之纂辑者。梁亡，徐归北朝，人多注意其去梁后之作，遂将《玉台》之成书搁置不提，唯一序存徐集中。此书成于大通三年（公元529年）左右，时孝穆方见梁元帝，年廿五岁，三十岁而梁亡，乃去北朝，终老其间，故成书年代当在徐廿五到三十岁之间。此书选诗，眼光极肤浅，不过有此书后，且前此又有昭明之《诗苑英华》，隋唐以后，人遂有裁诗文作读本之举矣。

三　隋唐五代文学讲

1937
—
1946

隋唐统一与文学之变古 罗庸

此段时期包括隋统一迄唐高宗武后时代。

一、南北朝文学之回溯

欲明隋唐文学之来源及其与前代不同处，则南北朝大势不可不知。吾人可自三方面着眼。1.中国史上地理之变迁。国史上地理有两天然之界限：一以潼关为中心分为东西，一以长江为中心分为南北。周代即东西对峙局面，迄秦统一皆以西方统治东方；楚之兴也，文化逐渐发展，又与汉成南北对峙之局面。东西对峙，皆在北方，故文化无多差别，而南北则迥然不同矣。三国时，历史上纵横对立皆有之，晋统一东西界限破灭，而南北文化对立生极大之差别。北方为五胡所蹂躏，文化丧零殆尽。南朝文化承东吴、东晋不断之风气，无须重新整理，故蔚为大观，论文学史者亦多着眼于南朝。自东晋以来，南北交通隔绝，政治上截然两道，迄梁及齐周时代，始渐有往来，然此交通对文化滋长仍无多效用，北方皆生吞活剥以吸收南方文化者。迄隋唐统一，始见融化，故言隋唐文学实六朝文学之末段，下逮南宋，又与东晋、北朝形势同。2. 文人出身不同，于文风亦极有关。汉代文人出身多系平民，盖由郡守举察而出者也。故两汉文人参政、读书、得名之机会，犹甚平等。三国之乱，政治沦于武人之手，文人非投武人幕府不足以成名。西晋亦贵族政治，故东晋过江名士皆名门也，以致下品无士族，上品无寒门，政治文化咸为贵族（门阀）所包办，直维持至梁代而不衰。由此文学来源日减，技巧日细，下笔风云月露而已。齐梁初，有平民文人之产生，梁中世以后，世家多所没落，而平民文人出身机会遂多，不能不产生科举制以应付之，此为新的变化。而北方华夷杂处，文化何由保存？魏末分时，有在野遗民为之撑持局面，齐周之际，既无士族，则文人多重师承，迄唐初弗绝。科举制兴，此师承制又告破坏，于是士子多以主考官为师，而避免说及其原有师承，故韩愈有《师说》，柳宗元有论师道之文，皆因时而发者也。3. 欣赏文学与应用文学为两不同之道路，在隋唐为一大变。骈文实六朝所养成，声律词藻，均极考究，此风北朝接受甚晚，迨庾王北渡，乃传播之。夫骈文之成立，原偏于欣赏方面，自建安已开其端；晋世少衰，宋齐又重其风，作为大规模之应用文字，故北朝承受此种文体，亦但用于应用方面而已（如书札、奏记）。迄唐初四杰为一回旋时期，后此骈文乃专作章奏书札之用，应用范围日狭，遂成定型，此唐四六之所由发生也。再变而为宋四六体。文学方面缺一大片，有待别立文体以为补充，此韩柳古文运动发生必然之势也。复次，唐宋有远谪之风，文人描写范围扩大，此地理之影响文学者。又唐宋文人既多来自民间，故多描写平民生活，较六朝贵族华贵生活之描述，别开生面。又以骈文之衰歇，隐而未现之古文遂成唐宋文学之主流。

《北史·文苑传序》，为整个北朝文学史之叙述。在魏收成名之前，往往温（子升）邢（劭）并称，温卒，人称大邢小魏云。此三人者为北朝文学之主干，影响后世亦大。《文苑传》称：北朝因牵于战阵，多章奏杂文，无缘情之作。自温子升起，乃有文学新潮出现，然多少仍受南朝之影响，故邢劭尝云："不能作赋者，不能做文人。"又邢、魏互讥，邢讥魏窃文于沈约，魏讥邢窃文于彦升，由此可见北人对南朝文风仰慕之盛。而一部分在野之士仍承东汉余风，主文必出于六经之说。而南朝文士久离此道，读读类书，有典可用足矣。传至朔北，遂有反动风气兴起，苏绰之拟《大诰》是也。至徐陵去齐，庾信、王褒留周，徐、庾为六朝文学最末之新体（徐父摛、庾父肩吾，皆六朝宫体诗健将，其子传其风），既入北，遂成非南非北之变质文学，初唐四杰之面目盖由此而出。

而当时南朝人见北朝文，亦具恐慌之感。《魏书·温子升传》《北史·文苑传》有故事云，张皋使北，挈温子升文归，梁武帝见而叹曰："曹植、陆机复生于北土，恨我辞人，数穷百六。"可见南方之文胜质，偶见北方有骨气之作，自然惊赞不置，而北人亦慕南风，遂成交流状态。隋文统一，乃以北方政治统治南方，而文风则南方柔化北方矣。唐之统一，仍沿此大势，古文虽代骈文而兴，然唐以诗为主潮，仍是南方文学之余裔也。至于文坛之主持者，则多系北人，南人之入仕者多遭歧视，如贺知章即是明例。

二、隋唐的科举与士风

就文化史言，科举制实为一大分水岭。自隋唐迄今，莫不如此。虽考试科目不同，然其为目的则一，盖令士人有读书上进之机会也。先秦子家以著书干王侯，末流所趋，成为清客之流。汉文则创孝悌力田以培养礼重士人之风。有此四百年之培养，遂有东汉党锢清流诸公。然其病又在矫情，国势凌败，复成战国局面，文人再度沦为幕客，此建安七子之所由产生也。西晋为贵族政治，文人仍过依附生活，陆机、潘岳等靡不如此。其后一变而为东晋门阀把持之政局，盖魏文创九品中正之制，末流所至，上品无寒门，下品无士族，故此制终告破坏。隋大业二年（公元606年），建明经、进士二科，明经为国子生，进士为外县考生。唐复创制举，即由天子御试而举擢者也。士风因之改变。

隋代考试，不考诗赋杂文，仅考时务策而已。（可参考《唐书·杨绾传》）唐举制较隋为完备，京师有六学，计为国子生三百人、太学生五百人、四门学生一千三百人、律学生五十人、书学生三十人、算学生三十人。国子生多贵族子弟，不愿他去而入太学，在京师号曰国子生。六学之学生通号生徒，除算、书、律三科为专科外，余皆为普通科，可考明经。唐考进士，谓之乡贡郡举。明经考试凡二：1.帖经（相当于默书），凡五，又帖大经；2.策论，进士则考时务策。常人以为唐以诗赋取士而诗特盛，其实不然。高宗之前，考试全袭隋制，不考诗赋；玄宗时立杂文之科，因有诗赋之考科焉。玄宗又立制举，由帝亲试，科目名额皆不限定，且有在礼部范围之内，相当于清代之博学鸿词科，科举制之滥，实肇于此。王应麟《困学纪闻》载，唐代制举科目多至八十六种，每种以四字为科名，如"博通坟典""洞晓玄经"等，乃学汉代之察举制。玄宗晚年笑话最多，如唐人笔记所载，尝有士人骑马来考"不求闻达"科，何其谐谑。中唐以后，尝一度停考诗赋，又凡来京应考者一例曰进士，及第者曰前进士。

自隋大业二年（公元606年），迄唐高宗永隆二年（公元681年），科举行已七十余年，流弊盖已丛生。考功员外郎刘思立建言："明经多抄义条，进士唯诵旧策，皆亡实才，而有司以人数充第。乃诏自今明经试帖粗十得六以上，进士试杂文二篇，通文律者然后试策。"此唐代考试第一次变迁，加试诗赋盖肇于此。高宗、武后两朝，宫廷文学特盛，士人欲进身不能不注重诗赋，此与唐诗发达略有关系。

开元廿四年（公元736年），请托之风方盛。考功员外郎李昂持正不阿，欲矫此风，试前申令有来请托者，即予除名。有李权者，请昂岳父说情，昂果除其名，权乃纠合徒众大闹礼部，至难解决，以是考试改由礼部侍郎主持，而考生遂又包围礼部矣。代宗宝应二年（公元763年），礼部侍郎杨绾上书曰："幼能就学，皆诵当代之诗；长而博文，不越诸家之集。递相党与，用致虚声，六经则未尝开卷，三史则皆同挂壁……祖习既深，奔竞为务，矜能者曾无愧色，勇进者但欲凌人，以毁谤为常谈，以向背为己任。投刺干谒，驱驰于要津；露才扬己，喧腾于当代。"此数语不但写尽玄宗一代考试情形及士风，即有唐一代之科举内幕亦可了然，为唐代文学史之重要材料。由是引起士人怕说师承之风气，韩愈之作《师说》实由此而生之反响也。唐诗之发达殆与此有密切关系。盖士未达时，先以书寄京师亲友，以示己意；既入京，投刺宰相之门，以诗呈上，谓之行卷，久不得报，又复呈之，谓之温卷；如仍不理，乃至于三、四呈诗，退之四上宰相书，实以士风所趋，不得不如是耳。开元、天宝年间，行卷者虽不得第，亦可从宰相家领取路费，故士人专精于诗技。中唐以后，行卷之诗一变而为传奇，此又韩柳古文运动之所以促成也。

自科举制兴，六朝门阀气消，而寒门穷酸之气毕露，士人生活乃大改变。杨绾以后，又有贾至上书，将安史之乱全归罪于科举，言甚沉恸，因建议各道多立学校，以救士人之空疏，又设孝廉科，以砥砺士行，惜二事均未能实行。文宗大和七年（公元833年），李德裕为相，主张进士停试杂文，视选学如寇仇（按：前此士人多由选学进身，故老杜令其子精熟《文选》，盖以应试），然牛李党争极烈，及李罢相，复试杂文。文宗开成五年（公元840年），李复相，奏禁进士"期集、参谒、曲江题名"，情形较为好转，然此后藩镇渐强，文人多往依附，国定考试遂失其重要性，温庭筠数为考场枪手，即其例也。

当时士人无论考取与否均记以诗，落第有哀愁诗，及第有欢快诗。兹以孟郊为例，下第诗云："晓月难为光，愁人难为肠。谁言春物荣？独见花上霜。雕鹗失势病，鹪鹩假翼翔。弃置复弃置，情如刀剑伤。"次年又下第云："一夕九起嗟，梦短不到家。两度长安陌，空将泪见花。"及第诗则态度语气迥异，如"昔日龌龊不足夸，今朝放荡思无涯。春风得意马蹄疾，一日看尽长安花"。如为制举及第，则更得意，如元稹制举及第自述诗云："延英引对碧衣郎，江砚宣毫各别床。天子下帘亲考试，宫人手里过茶汤。"真可谓露才扬己之作，唐代考试制度于此可见。如久不及第，在初唐时则闹怪事以广声誉，陈子昂捶破百金胡琴即是一例；或献赋于大典礼之间，老杜献《三大礼赋》，即其例也；或跪天子车前献诗，而跻身侍驾之臣，所谓终南捷径是也；再则如温氏父子专作枪手，或落第题诗志哀，希图达官见而顾怜。种种怪事，不一而足，士人廉耻扫地，故宋代遂有理学兴起。（以上一段可考《新唐书·选举志》《旧唐书·杨绾传》《旧唐书·贾至传》）

三、唐初南北文风之残存

唐初文人多为北籍，而文风则南化矣。此与徐、庾留北有关。

吾人可从两方面考察隋唐之际诸文人：其一为原生长北方者；其二为原是南人，因统一而带来北方者，然后者仅居二十分之一而已。如隋文帝平陈，携回文人有河东柳𫭢、高阳许善心、会稽虞世基，皆有北方文学根底而具南方文风者。唐初十八学士中南方仅三人，如虞世南、褚亮等是，然皆不常为文，世南固以书法名家也。

（一）唐初的子家和史家

子书以立言为主，以持论为本。持论在两晋已变为清谈，故不甚发达。若葛洪之撰《抱朴子》，乃超于时代风气之外者也。故终南朝之世，但有文人而无学术，而北朝为草莽时期，末年，颜之推自南返北，乃有《颜氏家训》之作，亦可归入子书范围。隋唐之际，子书可称道者唯王通（文中子）之《中说》。此人身世极为模糊，为隐君子，故《隋书》及新、旧两《唐书》皆无传。通尝讲学于龙门，唐初之文人学士，多自认出其门下。通之见于史传，盖附于其孙《王勃传》："初，祖通，隋末居白牛溪，教授门人甚众。尝起汉魏尽晋作书百二十篇，以续古《尚书》。后亡其序，有录无书者十篇，勃补完缺逸，定著二十五篇。"此记述并未及文中子或《中说》。至开元天宝间，始有《中说》出世，阮逸为之作注，且为序曰："《中说》者，子之门人问对之书也。薛收、姚义集而名之……贞观二年，御史大夫杜淹始序《中说》及《文中子世家》，未及进用，为长孙无忌所抑，而淹寻卒……二十三年，太宗没，子之门人尽矣。惟福畤兄弟传授《中说》于仲父凝，始为十卷。"《中说》来历，当以阮序记述为最早。今吾人所见《中说》面目仍是十篇，分上下卷。上卷有王道、天地、事君、周公、问易五篇，下卷有礼乐、述史、魏相、立命、关朗五篇。由于史籍无记，此书遂为人所疑。近人有《文中子考信录》一书，可以参考。吾人叙此，不在考订此书之真伪，而在说明韩柳古文运动之前身。按六朝时，南方文学自成发展系统，而北方有二力量阻止文学发展。其一为怀念西晋文风之旧；其二为北方文学无系统发展，不得不受南方影响，而另一辈人反对之，乃提倡绝对复古，一字一句，咸摹拟之，如苏绰之《大诰》是也。然徐、庾北去，北人争效其体，故隋时北方文体已归南化，故有李谔上书请正文体之事。（参考《隋书·李谔传》）此代表北方文人之保守性，既不能新创风格，又不甘同化于南方文学潮流。王通《中说》之作，即此种性格之具体表现。书仿《论语》，自成一家之言，一似扬子云之仿《论语》《易经》而作《法言》《太玄》也。唯此种复古倾向，极为笨拙，迨开元天宝间，乃渐不振，然文人复古心理，仍未尝泯灭，遂有李华、独孤及、韩愈、柳宗元古文运动之勃兴。王通另一著述，按《王勃传》记述推之，当亦摹仿《尚书》而成，同是代表北方复古心理之作。

南朝既倡骈文，兹体不宜于传记，故终南朝之世，可传之史书，唯范晔之《后汉书》、沈约之《宋书》与萧子显之《南齐书》耳，余皆亡佚。《晋书》至唐初始告完成。北朝有郦道元之《水经注》及杨衒之《洛阳伽蓝记》，皆以散行文书之，虽非史籍，其为记述则一也。

唐初史家有李百药，字重规，定州安平人，隋内史令德林子，撰《北齐书》五十卷；姚思廉，雍州万年人，陈吏部尚书姚察子，撰《梁书》五十六卷、《陈书》三十六卷；令狐德棻，宜州华原人，撰《周书》五十卷；魏徵，字玄成，魏州曲城人，撰《隋书》八十五卷；李延寿，相州人，撰《南史》八十卷、《北史》一百卷；温大雅，字彦弘，太原祁人，撰《大唐创业起居注》三卷；《晋书》，号为太宗御撰，盖其中《陆机传》与《王羲之传》太宗尝为题赞故也，此皆北方文人之作。故北朝之复古成绩，子书方面有《文中子》，史书方面有上述诸史籍，二者合流，即北朝文学之所以影响唐代古文运动者也。

（二）初唐四杰

四杰中，唯骆宾王为义乌人（南人），然四人所代表者皆为南方文学系统，为徐、庾北去后北方文风南化所成文体之继起人。《新唐书·文艺传序》："唐有天下三百年，文章无虑三变：高祖、太宗，大难始夷，沿江左余风，缛句绘章，揣合低印，故王、杨为之伯。"四杰连称始见于《旧唐书·文苑传·杨炯传》："炯与王勃、卢照邻、骆宾王以文词齐名……炯闻之，谓人曰：'吾愧在卢前，耻居王后。'当时议者，亦以为然。"又曰："其后崔融、李峤、张说俱重四杰之文。崔融曰：'王勃文章宏逸，有绝尘之迹，固非常流所及。炯与照邻可以企之，盈川之言信矣。'"又曰："杨盈川文思如悬河注水，酌之不竭，既优于卢，亦不减王。'耻居王后'，信然；'愧在卢前'，谦也。"又《旧唐书·文苑传·王勃传》："初，吏部侍郎裴行俭典选，有知人之鉴……曰：'士之致远，先器识而后文艺。勃等虽有文才，而浮躁浅露，岂享爵禄之器耶？杨子沉静，应至令长，余得令终为幸。'果如其言。"四杰之称，当时已有之，与李杜为后世所合称者不同。裴氏之言亦代表北方风气，后古文家必讲道德以此。

王勃，字子安，绛州龙门人，文中子王通孙，诗人王绩侄孙，据《旧唐书》本传，勃生太宗贞观二十二年戊申（公元648

年），卒高宗上元二年乙亥（公元675年），年二十八。《新唐书》称卒年二十九，两书所载不合。近有主张新、旧《唐书》皆误，据王勃《春思赋序》考之，咸亨二年（公元671年）勃年二十二，则当生于高宗永徽元年（公元650年），卒于上元二年，毕生年龄当为二十六。勃六岁能文，九岁读《汉书》颜注，著《指瑕》以难之。十七岁上书刘祥道，得荐于朝，应幽素举。十九至长安献颂，居沛王贤府修撰，以草《斗鸡檄》婴高宗怒，贬虢州。杀官奴曹达，事觉当诛，会大赦得免。父坐勃故贬交趾令。上元二年，勃往省父，过九江，成《滕王阁序》名作，溺死去交途中。

杨炯，华阴人。高宗仪凤二年（公元677年）献公卿冕服议，武后天授元年（公元690年）左转梓州司法参军，迁盈川令。吾人假定其生年为高宗显庆元年（公元656年），卒武后天册万岁元年（公元695年），约四十岁。炯以为官时间较久，故制诰为多，而诗则为四杰之殿。

卢照邻，字升之，范阳人（范阳卢氏原为北朝望族）。《唐书》载其十余岁从曹宪、王义方受《苍》《雅》及经史，曹为选学大家，故卢之文风仍承南朝之旧。尝官蜀之新都尉，以风疾去官。后作《五悲文》自悼，投颖水死。吾人假定卢生于高宗龙朔初年，卒武后久视元年（公元700年），年亦四十左右。其文多写个人怀抱，近乎子书，与余三杰不同，盖与陈子昂差近；诗则与王相抗，多五七言长篇。

骆宾王为四杰中唯一之南人，浙江义乌人。两《唐书》载其事甚少，欲知其详，可参考其自作之《畴昔篇》。在四杰中游踪最广。生贞观十年（公元636年）。裴行俭征西域，骆尝掌书奏。既归，又奉使入蜀，为四杰之最后入蜀者。年四十六，将归浙，作《畴昔篇》，至扬州逢徐敬业申讨武氏之役，为作檄文，后亦叹服，七十余日而败。《新唐书》载与敬业同时被杀，传首至洛阳。《旧唐书》载亡命不知所终，因有与宋之问联句之轶事流传，如其然，此时当七十三岁矣。但此事仅可存疑，聊备一说耳。四杰中当以骆才气为最大。

四杰余风，至玄宗朝而衰谢，故老杜有"轻薄为文哂未休"之句，可见当时少数人对四杰诗文讥评反感之甚，与前此张说、李峤诸公之推崇语不同，于此可瞻初唐风格之转变。

四杰与当时（武后朝）其余文人作风不同之点在少奉和应制之体。盖自梁末陈初以来，文人被蓄为帝王卿客，陪宴时必有制作承欢，此风至唐初弗坠，沈宋即其代表。由是言之，四杰虽为南朝文风，而做人态度似又为北朝之遗。

四、唐代文学主潮之萌芽

所谓唐代文学主潮，一为唐诗，一为古文，二者均萌芽于初唐，吾人可举四人代表其开山祖。

（一）沈佺期与宋之问

《旧唐书·文苑传》："佺期善属文，尤长七言之作，与宋之问齐名，时人称为沈宋。"

《新唐书·文苑传》[1]："魏建安后迄江左，诗律屡变，至沈约、庾信，以音韵相婉附，属对精密。及之问、沈佺期，又加靡丽，回忌声病，约句准篇，如锦绣成文。学者宗之，号为沈宋。"

沈佺期，字云卿，相州内黄人，约生高宗咸亨二年（公元671年），卒玄宗开元元年（公元713年），约年四十余。

宋之问，字延清，一字少连，汾州人（一云虢州弘农人）。约生高宗咸亨元年，卒睿宗先天元年[2]（公元712年），约年四十余。

二人者最多奉和应制诗，此沿乎南朝末流之风气。唐重节令，帝王尤喜点缀令节，如上巳必修禊曲江，端阳赐樱桃，九日登慈恩寺塔，十月幸华清宫，为一年四大节令，每行必有诗作。沈宋为武后侍从之属，以媚附二张得名，后亦坐是赐死。二人品格一仍陈、隋文人之旧，故作风亦如之。五七律近体诗格，即完成于二人之手。

通常咸以绝句成于律诗之后，故宋人有截句之说，实不尽然。吾人能明乎律诗之来历，则可决定沈宋之地位。五古转变在谢灵运手中为一大关键，东晋之诗与魏晋相去不远，多保留散行风格，至谢一转而为对起对结，往往奇突而起，奇突而绝。至小谢而注意结句，当时诗无一定句数，迄竟陵王子良门下一辈人乃

---

[1] 为《新唐书·列传·文艺》。
[2] 先天为唐玄宗年号。

注意音节、平仄矣。沈氏八病四声之说，对律诗完成仅为间接影响，直接影响为徐摛、庾肩吾二人，徐庾宫体诗自此而成，无形中形成十二句体，最多不能超过十六句，最少不过十句，为前古所未有之形式，至沈宋遂完成八句之律诗定体。按十二句为三节四句体所合成，四句体来自《子夜吴歌》，为避免过分板滞，梁陈人往往将两组四句外加二句，成为十句体，为对起单结。十句中易于抽出四句独立体，至四杰已成功矣，是为绝句。后感觉最后二句不称，截而去之，遂成八句，依绝句四句之起承转合，遂成律诗定体。此发展之新体，最初用于宫廷应制诗，以其堂皇靡丽故也。盛唐绝句发达，律诗多变，古诗与唐诗间之桥梁，自非沈宋莫属也。

（二）陈子昂与张九龄

陈张以前，亦有数人为复古运动者，然非陈张面目。略述于下：

富嘉谟，雍州武功人。吴少微，新安人。《旧唐书·富嘉谟传》："先是，文士撰碑颂，皆以徐、庾为宗，气调渐劣；嘉谟与少微属词，皆以经典为本，时人钦慕之，文体一变，称为富吴体。"此较苏绰之生吞活剥之仿古体已进一步。陈张之起，以个人性灵入文词中，遂开韩柳古文风气之先。

此外，当时尚有所谓燕许大手笔，苏颋、张说是也。颋，字廷硕，苏瑰子，封许国公；说，字道济，洛阳人，封益国公。皆掌制诰，时谓之燕许大手笔，然仍多承先之风气，启后之功，不能不让诸陈张也。

陈子昂，字伯玉，梓州射洪人，入《新唐书·列传·文艺》。唐有二文人身世特殊，子昂与太白是也，皆蜀人。蜀在三国时文学发展情形极明，自六朝迄唐代则甚模糊，子昂即在此时诞生，为文超然于时代风气之外。据其所撰乃祖父、乃父之碑铭记述，其先在梁，为蜀官，世居于蜀，又与其他数姓合成二郡，俨然封建诸侯。其祖好道。子昂年十八尚任侠，不知书，闻人读书声，乃发愤，攻三年，二十一岁乃入朝，而人莫知其名，乃借碎胡琴事噪誉当世。武后闻之，召为从事。其为文章，既不似南朝之靡丽，又不似北朝之特古，盖蜀与南北朝交通阻绝故也。尝一度出征关外，既归，郁郁不得志。家富，为射洪县令段简所诟，诬下狱，以二十万贿之，仍不得出，乃忧愤卒，年四十三。《新唐书》载王适见陈咏怀诗，叹曰："此子必为天下文宗矣。"遂订交。按《感遇诗》出自阮嗣宗《咏怀》，又出自曹子建《杂诗》，皆无题，随兴陆续写成，故内容不专一事，体裁不专一体，不必为一时之作也。学阮诗者，前有士衡、渊明，整个南朝无只字可言，此可证明作者个性之泯灭，此体遂中断若干年。子昂初至长安为人所赏以此，《旧唐书》不载此诗之数，最早见于白乐天《与元九书》中，云是二十首，后人以其他无题诗凑成今见之篇幅。此诗在当代已为人所推崇，昌黎诗云："国朝盛文章，子昂始高蹈。"《感遇诗》人多以一组目之，实误。愚尝详考其本事，知其诗不虚作，乃作者对时代有个人之看法与批评，此为南朝士大夫所不能仰止也。直抒胸臆，不假雕饰，此唐人五古之创格。故南朝五古不能化作散文，唐五古则稍加增削便成散文，此风自子昂始。子昂诗之作法，个人并无系统之理论，有之，则仅见于《与东方左史虬书》数语耳。另见《修竹篇序》："文章道弊，五百年矣。汉魏风骨，晋宋莫传……仆尝暇时观齐梁间诗，彩丽竞繁，而兴寄都绝，每以永叹。"此数语中提出"风骨"与"兴寄"两重点，信为南朝文士所未尝梦见，而作者之诗确能实践其个人所提倡之理论，故能卓然成家也。

九龄成就在其相业，而不在诗，诗固与子昂同一格调。字子寿，韶州曲江人。十三岁见广州刺史，上书言国政。张说贬岭南，见而大悦，特引荐之，至于拜相。后告归，再出为荆州令。其后以疾卒于家，封伯爵。其《感遇诗》十二首，与子昂诗同为开时代风气者。

此段自高祖开国迄开元之初，凡五十年，为八代余风之所及，盛唐面目盖胎孕于此。

唐诗及盛唐诗人 罗庸

一、总论唐诗

研究一代文学，凡以作家为主，以文体为范围时有二路可循：（1）叙述作家之来源与成就；（2）不管作家，仅就诗之内容求其表现情绪之主潮。今吾人论唐诗，即用此二种办法。

国人所著文学史，其态度与正史作家无异，均以作家为主，重视其社会背景。此法易流于呆板，本课针对此弊而矫正之，但于某一时代中找其共通性。至于作家之分述，可略则略之，盖某一作家之成功，其本身力量仅占十分之一二也。

文学史范围至广，吾人欲治文学史，必先说明作家之来踪去迹，考其同于前人者若干，异于前人者若干，能如此或可勉成精心之作，诸生其留意焉。凡优良之文学史，不仅为文体变迁史，亦应为作家情感之变迁史。前史所作皆偏于前而略于后，近代学者间亦有重视之者，唯多非客观之归纳，而有偏于主观之嫌，不可不察也。

全唐诗之内容，大别不出于十二大类，前人初、盛、中、晚之分期，亦可与此并行不悖。

（1）宫廷诗——由南朝而来。齐梁以后，文人变为帝王卿客，故宫廷诗特盛。唐初诗人犹存此风气。自安史之乱后则此调不复弹矣。其中又可分为四类。①游宴——自建安开其风，至南朝益盛，初唐高宗、武后、中宗三朝达于极点。②令节——帝王于令节时作诗，令群臣和之。③同赋——帝王高兴时，令群臣同题赋诗是也，亦发端于建安。梁陈之际诗歌日益琐碎，玄宗以后则少作矣。④分赋——此与考试有关。唐诗中题为"奉和"之作者必为同赋，题为"应制"者则为分赋，此风亦绝于玄宗以后，盖自天宝以后，文人社会意识发达，南朝以来之卿客作风遂渐绝迹。

（2）赠答诗——始于汉末秦嘉夫妇之赠答诗，至建安时作者日多，两晋以后渐少。大凡赠答诗多产时，则必其时书札应用甚少之故。两晋以后，抒情小札发达，可以代诗，故赠答诗极少。唐代由帝王之提倡，兼以版图扩大，人们常因阔别而写诗寄意，故此类题材占全唐诗分量将近二分之一，初唐犹不甚显著，盛、中、晚蔚为大观，至宋又少绝矣。又可分为五类。①下第——大抵为士子在长安应试落第，同辈对之惜别，相聚吟诗送之，往往汇成一集，以序冠之，为古文中赠序文之来源。②贬官——南朝地域较小，且多门阀士族，故贬官时惜别之意较少；唐为大帝国，且帝王权重，喜怒无常，大臣一贬数千里外，故送行者情深而多佳句矣。③出使——为出使时送别而作。④还山——为大臣归隐时同辈送行之作。⑤投赠——内容较为复杂。大抵士子来长安进考，欲结交达官先为揄扬，因而以诗投赠；另一情况乃名士借此化缘为生，如太白天宝三载（公元744年）被放以迄于死，全赖投赠而度命。此风下至武宗、文宗时代为最盛，藩镇兴起之后，文人有所投靠，便不复打秋风矣。

（3）园林诗——古代园林发展之情况，汉至三国私家园林极少，西晋以后渐多，石崇即金谷园之主人也。经北朝而不辍。南渡以后，山水方滋，贵族之私园益多，谢安之东山，康乐之西堂，皆是也。唐人承接此风，贵族往往于其园林招宴文士，集而赋诗，以为文雅之事。最佳之地，莫若公主之赐第与夫名宦达士之山庄，如宋之问陆浑山庄、王摩诘辋川别业是也。山庄草莽气多，别业则接近都市，故山庄仅少数朋友集会之地，而别业则为大宴会所也。安史之乱后，社会经济一变，此风遂息。其次为僧房佛寺，以其多在名山大川，故诗人喜歌咏之。

（4）行旅诗——此受国家疆域广大影响之所致也。诗人每经一地，有若干名胜可供游览与流连，遂多取为诗材。南朝多行旅赋，盛唐不用赋体而代之以诗，故称极盛。

（5）征戍诗——此与南朝之风大异。南朝征戍诗为文人想象之作，故内容多雷同；唐代疆域辽阔，征戍事繁，文人参加实际军旅生活，故吐属极为精彩。此类诗以盛、中二期最盛。大抵唐初征戍诗题材偏东北，而盛、中二代则偏重于西北。以数量言，此类诗占《全唐诗》十分之一弱，亦为空前绝后之作。此类诗如为乐府体，则系文人想象之作，如用近体或五古，则以写实为多（老杜"三吏""三别"盖属此类）。

（6）声伎诗——古代咏声伎者多用赋体，傅毅、张衡之《舞赋》是也。至梁、陈，始渐有以诗咏声伎者。唐代因胡乐、胡舞之输入，而声伎之诗转盛。

（7）杂戏诗——此亦受国外文化影响而形成以新题材写诗者也。

（8）僧道诗——唐诗人喜与僧道结交，故赠答时诗中必带宗教之意味，诗人不必对其经书有若干研究与了解，此殆与宋人作风不同，然亦前代未有之作。唐代僧道亦甚风雅，又多女道士，轻薄文人多取材焉。

（9）异俗诗——歌咏外国风俗之作。唐代长安为国际都市，异国风俗杂乎其间，予文人以若干新刺激，遂取为新诗之材料。西市多胡姬酒肆，文人常狭游其间，诗材更有所增益。

（10）书画诗——中国古代艺术如书、画、音乐、观赏风景等，均与文学有密切关系，其中以音乐为最早。南朝人渡江，见山川之美而观赏之，自然景物遂与文学关联；而东晋以来，字艺亦渐为世所重。中国画在古代不出故事画范围，此未受外来影响前之情况。北朝受佛教影响，乃有画佛之风。唐人作画，或在壁，或在屏，文人往往因之作诗，唯壁画虽占唐画十分之七，但无题画之作。

（11）田园诗——为唐人诗中最少者。

（12）类书诗——中晚唐以来，诗之内容无多发展，文人乃自类书中搜寻僻典，拼凑成章。

二、盛唐诗人

除李杜另立专节外，略述重要诗人如下：王维、孟浩然、储光羲、高适、岑参、王昌龄、王之涣、綦毋潜、刘长卿。

凡诗中称大家者必具以下之特点：（1）笔调不限于一方面，能变化其笔调而写各种形式与题材；（2）大家诗风格有矛盾时，原因有二可能，其一为自身未能融会成纯一风格，其二为自身经验丰富，境遇变迁极多，因而能臻于上乘。

王、孟、储三家通称之为田园诗人，高、岑为边塞诗人，二王为绝句能手，綦毋潜长写寺庙，刘长卿善状行旅。由以上标准评之，唯王维足称大家。

摩诘之诗凡三变。《桃源行》为十九岁之作，属早年作品，与后期《终南别业》诸作大不相类，可见其入手时仍沿四杰余风。又其写长安早朝及大明宫诸诗七律作品亦与晚唐作异趣，乃时势所趋，可归入一类，尚无独创之特点。第二期用《终南别业》诸作，问及佛理，东坡所谓"诗中有画"者，此类属焉。第三期乃暮年与佛教徒唱和之诗，乃见独特风格。由是可知，凡大家必先学习同时代之各种诗体，然后独立成家。

孟、储为在野之人，故少入世之感，此二家之同点。唯孟诗较为华贵，可上攀高、岑；储诗为纯田舍翁语，可下流为范石湖之风格。孟行旷达，修养无独特表现，笔力较健，唯内容较为单调，方面不多；储诗出于王无功，多写农家生计问题，笔多黏滞，但对农人生活描写较为深刻，其弊在多土气。

高、岑为盛唐笔力之最健者。岑以全力作诗，成就有所偏，七古、七律成功较多。尝两度至新疆，故写边塞较为亲切。七古自初唐迄此时代，仍缘南朝之旧，但流美而已，至岑而改为壮美。其弊在偏，优在高俊。高适四十始学为诗，有意走岑一派，故古诗成功较多。亦尝从军，故其边塞诗亦如岑之多亲切感，而流转地区极广，故写行役诗又似孟浩然，为介乎岑、孟间之诗人。盛唐诗人仕宦之达者，盖以此公为最云。

王昌龄擅长音律，故优于绝句，为盛唐绝句冠冕。乐工多所传唱，声极高亢。王之涣为昌龄之嗣响。盛唐诸家绝句均为一代绝唱，后世难以为继。

綦毋潜长于五言，笔调工于收敛，诗量较多，开香山一派，常以一题而用若干作法。刘长卿当时称五言长城，行旅诗一似孟浩然，但无孟之阔大而较琐碎，盛唐、中唐分野在此。

三、李白与杜甫

太白籍贯之为胡为汉，今犹未有定论，人多目之为西域人，故其生活行止多与当代诸家不同。今读其诗，其人如在目前，唯生前同时人于其身世多迷离不清耳。据唐人记载，谓李为陇西人（唐代李氏之郡望），先世以罪谪碎叶，五岁随父潜归，家于蜀之绵竹。十五岁任侠，尝手刃数人。二十与东岩子隐峨嵋学道，后入广陵，散家财二十余万，同游者（吴指南）道死，负其尸以归。后入赘安陆许氏家，一住十年。其后以道士吴筠故入长安，为玄宗所知，复以讽贵妃而放还。与杜甫、高适辈游于梁宋，旋入鲁另娶，鲁夫人生男曰明月奴，生女曰玻璃。后适金陵，娶歌伎金陵子。安史乱中，遇永王璘之变，乱平被放夜郎，抵巫山遇赦放还，至当涂而卒。其一生行迹，多与国人伦理观念不甚一致，故身世极为可疑。前此相类者有陈子昂，二人生活习俗均不受中原传统之束缚，故能任使其气而独步一代。五言诸作多得力于建安之曹、阮二家，笔力才气亦足相匹。当世人作诗多来自四杰，而太白独取原于汉魏，所以独高。又以其流转各地，怀古钦贤，故爱二谢，然大谢之典重、小谢之空灵又不合其口味，故青出于蓝，戛然独造。复次，太白不受当时试帖之影响，故不精律诗。七古完全脱离初唐作风而出于鲍明远，成熟后再加上汉乐府成分，乃知其诗实根深源长，非仅恃才分而已也。太白不同于少陵者凡二端：（1）少陵不作当时流行之古题乐府，而太白专作此类；（2）太白善音律，故长绝句，少陵则适相反。以生活态度言，近道而不近儒，故诗中多神仙思想，眼中毫无民众疾苦。天宝之乱，适在南方，未睹北土战乱现象，故诗之内容与民众及时代脱节，成为盛唐之尾声，能承先而不能启后，有以也。

老杜祖父乃诗人杜审言，官于河南，因家于巩，故诗人为纯粹中原文化之产儿。父闲，官于鲁；父死，甫已三十矣。终其生为衣食奔走，不若太白之悠游闲放、豪情奔注。所受传统文化既深，故诗之内容与时代紧密结合。早年之作，仍沿袭初唐，盖欲因之以求仕进也。晚年仍教儿熟读《文选》，其为传统文化所范围之迹甚明，用大力始能脱其桎梏。与太白行迹自由者绝异，而思想怀抱一以儒家为宗，故念念不忘君国。在长安十余年即努力作五律，欲因以出人头地，题材之多，方面之广，语言变化，全唐诗人无与伦比。四十岁迄天宝之乱，始放弃原作形式而试作七言诗，全盘失败，然绝不作当时之乐府调。安史之乱后，见民生疾苦甚多，非旧作体裁所能包容，过去亦少范作可资参考，有之则唯汉乐府一体，故此段时期，乃模仿汉乐府以命篇，诗境至此得一开展。后到外移居，暂定居于成都浣花溪上。此段时间生活极苦，工部乃极力练习五古，至成都而大功告成。其间行旅纪事之五古，已与初唐诗异趣，创造出独特风格。居蜀六年间，努力完成其七律及不合乐之五绝，迫夔府而臻成熟。每首各有文法，绝不雷同，又故意避熟就生，遂以登峰造极焉。此后则为强弩之末，无甚可观。晚年病肺，右手不能弹动，故流浪湖南一带，多用左手写作，为打秋风计而多写排律。论杜诗可划分为五时期，以三、四期作品最佳。

韩柳古文之理论与成就 罗庸

　　韩愈，生大历三年（公元768年），卒长庆四年（公元824年），年五十七（《旧唐书》一六〇、《新唐书》一七六本传）。其与前辈作家之师承关系，有以下脉络可寻：1.少为萧颖士子存所知；2.尝从独孤及、梁肃之门人游；3.李华、宗子翰每称道之；4.李观亦华族子，与愈同举进士，且相友善。

　　退之古文渊源，实自萧李而出，故立论犹有同乎诸前辈者。如《答李秀才书》："愈之所志于古者，不惟其辞之好，好其道焉耳。"《送孟东野序》："人之为言也亦然，有不得已者而后言。其歌也有思，其哭也有怀。"皆是也。其独到之处，在论作家个人修养之言，直是前无古人，后无来者。如《答尉迟生书》："夫所谓文者，必有诸其中，是故君子慎其实。实之美恶，其发也不掩，本深而末茂，形大而声宏，行峻而言厉，心醇而气和。昭晰者无疑，优游者有余，体不备不可以为成人，辞不足不可以为成文。"此数语源于"大学""诚中形外""君子慎独"之警句及陆机《文赋》论体性之言，合而铸之，遂成笃论。《答李翊书》："始者非三代两汉之书不敢观，非圣人之志不敢存……如是者亦有年，犹不改。然后识古书之正伪，与虽正而不至焉者，昭昭然黑白分矣。""气，水也；言，浮物也。水大而物之浮者大小毕浮。气之与言犹是也。气盛则言之短长与声之高下者皆宜。"其论文以气为主，与魏文不同。魏文所谓气，乃作者之性灵，《文心雕龙》所谓体性是也；韩之谓气，即孟子所谓"浩然正气"。唐人作文好重言之短长、声之高下，退之欲破此拘束，乃主以气涵之，其源来自《孟子·养气》章。孟子以志、气、体三者并列，称"持其志勿暴其气"。以火车喻之，其全部为列车之体，其车头即气也，犹今之言生命力，司机则志也。人能以心指挥其生命力，以做种种活动，故人须守其志，勿使生命力妄动也。此孟子二种修养功夫，不能使气本能地动，故须养其气，使之从志而塞乎天地之间。入手方法在"集义"，义源于是非之心，日行一义，渐减愧怍，至于理直。理直而气壮，气壮则生死利害在所不计，乃能"富贵不能淫，贫贱不能移，威武不能屈"也。能"集义"便能"知言"，此道自孟子而后不得其传，退之有志继之，遂创此"养气为文"之理论。由此而知言，而能辨古文之真伪与虽正而不至焉者，下开宋之理学。故古文家与理学家之相连，退之实开其宗，而后世之论道统者，亦必及之。韩氏若干笔札论议，多用两扇对举之法，此学自孟子者也。《答崔立之书》尤酷似孟子，所作《原道》《原毁》正属于此系统，此韩文之一面。

　　唐代因科举之故，人多不愿讲师承，韩为古文取法孔孟，故力倡师承，作《师说》以申之，此韩文之又一面。又古文家重视传记，故韩喜为人作墓志，亦偶作游戏文字以为应酬。退之《送穷文》《进学解》诸作，是渊源自两汉者也。此外，随当时求仕之风而有《上宰相书》，因持道统以卫道为己任而有《谏迎佛骨表》，子厚较之，相去远矣。

然韩之立身与文风亦颇为当时士子所非议，兹举其一二诤友之言论以为例。1.裴度《寄李翱书》："故文人之异，在气格之高下，思致之浅深，不在磔裂章句、隳废声韵也。……（昌黎韩愈）恃其绝足，往往奔放，不以文立制，而以文为戏，可矣乎？可矣乎？今之作者，不及则已；及之者，当大为防焉耳。"此书可代表当时一般人对韩之评语。2.张籍《上韩昌黎书》："比见执事，多尚驳杂无实之说，使人陈之于前以为欢，此有以累于令德。""且执事言论文章，不谬于古人。今所为或有不出于世之守常者，窃未为得也。"又《与昌黎第二书》："君子发言举足，不远于理。未尝闻以驳杂无实之说为戏也。执事每见其说，亦拊抃呼笑，是挠气害性，不得其正矣。"由以上引文观之，可见当时人士亦有不甚以韩为然者。故退之人格不甚统一，态度较孟子为逊，其性格为多方面而不能调和，故研究之颇为困难。

柳宗元，生大历八年（公元773年），卒元和四年（公元819年），年四十七（《旧唐书》一六〇、《新唐书》一六八本传）。性格与行事均与韩愈不同。韩心灵幼稚，意志不坚，柳则反是，故对韩有轻视意。就文学成就言，韩自过之；而就文学功夫言，则又远过于韩，惜滞于萧李阶段而未进耳。《答崔黯秀才书》："然圣人之言，期以明道，学者务求诸道而遗其辞。"《报袁君陈秀才避师名书》："大都文以行为本，在先诚其中。其外者当先读六经；次《论语》、孟轲书，皆经言；《左氏》《国语》、庄周、屈原之辞，稍采取之；穀梁子、太史公甚峻洁，可以出入；其余书俟文成，异日讨也，其归在不出孔子。"其自道写作之言有《答韦中立论师道书》："故吾每为文章，未尝敢以轻心掉之，惧其剽而不流也；未尝敢以怠心易之，惧其弛而不严也……此吾所以羽翼夫道也。""本之《书》以求其质……此吾所以取道之原也。""参之《穀梁》以厉其气……此吾所以旁推交通，而以为之文也。"此明柳之功夫在外，非若韩之在内也。故柳文与性格可分为二，而韩则合而不可分。曾国藩曾以韩文为阳刚，柳文为阴柔。二人者曾有匹敌之意，势均力敌。韩文高于柳者在读书录与《原道》诸篇，而柳之高于韩者为永州山水诸记。柳用心极深，韩则重感情近于自然，乘兴而动。柳以神经衰弱而终，韩则以好酒血压高而卒。总论二人成就，韩固过于柳也。

中唐诗风之易辙 罗庸

盛唐诗自下看为中、晚唐诗之源泉，自上看为南北朝、初唐诗之总汇，盛唐诸公各有独到之处，至大历十才子为强弩之末，乃不能不有所变。其变凡三路可循：

（1）复古派——如元结《二风诗》《补乐府》，顾况《上古之什》等。《二风诗》为学《诗经》者，《补乐府》乃学汉乐府风格，工部"三吏""三别"、《兵车行》即学此派。顾《上古之什》为全学《诗经》者，此风自宋下迄明代一系不断，时有拟作。

（2）险怪派——重要者凡三人，即卢仝（有《月蚀诗》）、李贺、马异是也。三人同学《楚辞》意境，故意迷离其词，富于词藻。其中以李才气最大，似《九歌》《九辩》，卢、马则似《天问》，均不肯着实，不写现实生活，各骋其想象以相高。退之即属此派，然不能概其全。

（3）琐细派——有李益、司空曙、夏侯审、孟郊、贾岛诸人。此派愈作而愈琐细，愈不关大体矣。唯昌黎能包三派之长而自成风格，此所以为大家。其《元和圣德诗》（复古派）、《月蚀诗效玉川子》(险怪派)、《游城南十六首》(琐细派)为三派作风之突出表现,其独到之造诣,则见于《秋怀诗》《县斋有怀》《寄张籍》诸作。《秋怀诗》效陈子昂而用盛唐笔调,虽工部亦无此风格,影响宋人最大,盖已打破盛唐氛围,有散文之文法与气势,大为王荆公所推重。此派人亦无具体之理论。

唐代的子家言 罗庸

　　《文中子》而后，子书近于绝迹。凡子书著作必须有二条件，一为当时之思想发达，一为作者善于持论。自六朝以来，文人写作多尚风云月露而不能持论，迨萧（颖士）李（华）之起，下及韩柳，散文始又抬头。然唐代之散文或子家言，每与笔记不分，此情况至五代而结束，故乏名著可称。有之，亦不足语于第一流。兹举数种于下。

　　1.林慎思《续孟子》二卷，《申蒙子》三卷（出于《太玄》）。2.张弧《素履子》三卷。3.赵蕤《长短经》九卷。此书为纵横家言。晚唐五代风气，多尚儒道合流之思想，文人每主儒家思想而过道家生活，此书为代表作。4.罗隐《两同书》二卷。前五篇说老子，后五篇说孔子，为当时风气之具体代表。5.谭峭《化书》六卷。每卷一篇，全为道家言，一名《齐丘子》，散文至此而陵夷矣。又晚唐好以"子"名其集者，亦是一时风尚。如刘蜕《文泉子集》，文仿扬子云，实近元次山；皮日休有《皮子文薮》，为晚唐散文家，特好《孟子》，尝上书请立孟子于学官，影响后代古文及理学甚大；陆龟蒙有《笠泽丛书》四卷，一名《天随子》，在北宋欧、苏未起以前，散文作家当以此辈为代表。

晚唐五代的文艺论 罗庸

欲以《文赋》或《文心雕龙》为标准求文艺论于唐代，则徒见其支离散落而已。关于诗论，以白氏《与元九书》、元氏《杜少陵先生墓志》（《唐故工部员外郎杜君墓系铭》）二文为力作，余无足观。至宋乃有大量诗话之产生，代替诗的理论大宗，然均杂乱琐碎，此风实自唐人开之。唐人论诗较有系统者，凡二书。一为释皎然之《杼山诗式》。皎然为诗人谢灵运十世孙，秉其家风而发扬之，为宋人诗话之来源。其书内容大致分为二部：一为作诗理论，论诗格、诗调及写作方法；一为批评前人作品，最重要者为以单字形容诗之格调，开司空图《诗品》之先河，后世以意境辨诗自此始。其辨诗体十九字为：高、逸、贞、忠、节、志、气、情、思、德、诚、闲、达、悲、怨、意、力、静、远。为唐诗发展三百年之总结，颇似《文心雕龙》之《体性》篇。主张人顺择其近于己意者而进行创作，至司空图乃完成此一理论。其次为《诗品》，此司空图（表圣，虞乡人）受《杼山诗式》影响而撰作者也。其书分二十四品，第一境界以二字标名，每首意境均以相近之笔调阐发之，此影响后人作诗论崇尚意境的风气。

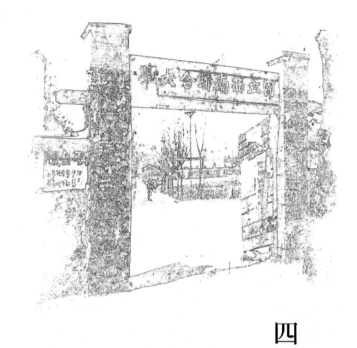

四 宋元文学讲

1937
—
1946

宋初的诗文革新运动 浦江清

在中唐时期，韩愈提倡古文，变革南北朝以来讲求声调对偶的近于俳谐的骈文，主张规模古代典籍，读先秦两汉之书，向儒家经典、先秦诸子、贾谊、司马迁、扬雄学习，树立起古文的旗帜。这一方面是复古主义，另一方面是文体的革新运动，所谓"文起八代之衰"。支持韩愈古文主张者，有柳宗元、李翱、张籍等。

骈文需要对偶，出言必双；又要词藻华丽，援引典故，不易写作。我们并不否认写骈文的也有大作家，但是一般的骈文是庸俗的，有词藻而无思想，堆砌典故，空洞无物，成为唯美主义的、形式主义的文体。安史之乱之后，中国社会各阶层发生了大波动，贵族门阀阶级渐趋没落，新兴的地主阶级起来。随着隋唐科举制度的推行，新兴的进士阶层出现，当时考中进士的人就有许多出自寒门。这些新兴人物反对骈文，反对"连篇累牍，不出月露之形；积案盈箱，唯是风云之状"的文学，而主张服务于儒家的道的古文。散文、骈文的交替，显示了社会发展的变迁。这不单是文体上的变革，乃是文学内容和文学思想的变革。

在韩愈、柳宗元提倡古文的同时，白居易、元稹在诗歌的创作上也提出了主张。他们反对"嘲风月，弄花草"的无聊的诗歌，主张作诗应该继承《诗经》三百篇有关于政治教化的传统。他们推崇杜甫诗歌的现实主义精神，那些能够针对社会现实、道出民生疾苦的诗。提出以情（感情）、义（意义）为根本，声（韵律）、言（语言）为枝叶，"为君、为臣、为民、为物、为事而作，不为文而作"的诗歌创作主张。韩柳的古文运动与元白的诗歌主张，是中唐时期新兴的文学思潮，同时是中唐社会的产物，是当时尖锐的阶级矛盾所激起的文学改革运动。

这个文学改革运动，在晚唐五代时期，可惜未能继续发展。在晚唐时期，藩镇节度使专权，地方势力大于中央。而五代十国时期，中国分裂成为各个独立的小国。文人多数依附主人，作幕府秘书，不能不学习骈文四六，作制诰、表奏、书启，谈不到有独立的思想，习惯于写骈四俪六的文章。李商隐、段成式、温庭筠辈的诗文，依旧是骈丽的，看重声律对偶的。在五代时期，与中原接壤的、比较安定的、社会经济繁荣的是南唐和西蜀。南唐和西蜀的文风是浮靡的，依旧崇尚骈文、宫体诗、艳体词。北宋初年，朝廷上所用的，好些是由南唐、西蜀转到北方的（随两国之亡，而降顺于新朝廷），如徐铉、张昭等。北方文人如陶谷，作风亦同于南方文人。

代表北宋初年的诗派是宋真宗朝（即十一世纪初年）的西昆体。诗人如杨亿、刘筠、钱惟演等都是身居高位的官僚。他们的诗歌境界极其狭窄，彼此唱和一些空洞无物的诗歌。杨亿把他们酬唱的诗汇编成帙，"取玉山策府之名，命之曰西昆酬唱集"（《西昆酬唱集·序》）。此集皆近体诗，凡二百五十首（今佚二首），作者十七人，以此三人为首。以对仗工稳、用事新僻为贵，摹仿李商隐的风格。题材很狭，以泪、柳絮等为题，各有所作，真是白居易所反对的"嘲风月，弄花草"一路。有词藻而乏内容，使诗歌走入魔道。时人石介作《怪说》，极力攻击杨亿。石介是一位道学家，其文艺理论是主张恢弘圣人之大道的，谓："杨亿之穷妍极态，缀风月，弄花草，淫巧侈丽，浮华纂组。其为怪大矣！"

西昆诗人，同时也是骈文作者。

与西昆体不同，用平淡朴素的语言力求革新绮靡诗风的，最初是王禹偁。王禹偁，字元之，济州巨野人，公元976年进士。出身寒苦，九岁能文。他遇事敢言，以直躬行道为己任，虽有政治抱负而不得志（《宋史》卷二九三有传）。他有《小畜集》三十卷，《小畜外集》七卷。他的古文，骈散相杂。他主张"远师六经，近师吏部，使句之易道，义之易晓"（《答张扶书》）。他的《待漏院记》《黄岗竹楼记》是有名的文章。前者是骈文，写出他对朝廷与国家的责任心；后者是古文，写他的流浪生活。他又能诗。《感流亡》写由于关辅旱灾避地流亡的老翁与病妪，有"尔为流亡客，我为冗散官。在宦无俸禄，奉亲乏甘鲜。因思筮仕来，倏忽过十年。峨冠蠹黔首，旅进长素餐"之句，是感于乞妇的流浪，而自愧为官无助于人民，看出他的正义感与人道主义精神。诗近白居易风格，开宋诗先路。《赠（友）朱严》诗云："谁怜所好还同我，韩柳文章李杜诗。"《示子》诗云："本与乐天为后进，敢期子美是前身。"他的诗对以后欧阳修、梅尧臣的诗是有影响的。《宋诗钞·序》说："元之独开有宋风气，于是欧阳文忠得以承流接响。"

与王禹偁同时爱好韩愈文章的是柳开。柳开，字仲涂，大名人，开宝六年（公元973年）进士。追慕韩愈（曾以"肩愈"为名），亦以能开圣道自命，所以名开而字仲涂。有《河东集》十五卷。他与范杲、高锡、梁周翰齐名，一时有"高梁范柳"之目。

王禹偁、柳开为宋初古文运动的前驱者。稍后于柳开的古文家是范仲淹，作风接近王禹偁，其名篇《岳阳楼记》亦骈散夹杂之古文。范仲淹亦有词，虽寥寥数篇，思想性、艺术性皆高。此外还有古文家穆修，字伯长，郓州人；尹洙，字师鲁，河南人。

当时文学界之斗争阵线是，一面是骈文与温李诗相结合的西昆派，是富贵典丽的台阁体，非现实主义的文学，有颓废倾向；一面是追慕圣贤、尊重儒学、尊经明道、奉韩柳为正宗的古文派，继承李杜、元白现实主义传统的诗歌革新派。一直到宋仁宗时，晚唐五代文风的影响才差不多革洗净尽。这时期领导古文运动的是欧阳修。欧阳修是推进古文运动而完成古文运动的重要作家，以古文家而兼诗家。

欧阳修的朋友，以写诗著名、为欧阳修所极推崇的是梅尧臣与苏舜钦。

词曲的发展和词的概况 浦江清

提要

一、宋诗承唐诗而变其风格,用散文笔法,参以说理。但宋代的词最为发达,以抒情为主,情感热烈。词是文人结合乐府歌曲而产生的,接近于俗文学,加以提高发展,在诗外另辟一个园地。

二、词的定义:配合音乐歌曲的有一定格律的用长短句形式的歌辞。

词=辞。曲与辞的名称,古已有之,均为乐曲。唯宋词,或称小词,或称小曲,是唐宋乐府歌曲。

三、小曲源于唐代。崔令钦《教坊记》中,小曲已近三百。从中唐起,晚唐五代文人已发展词(小令)。

四、词曲为各地民歌、各民族的乐曲经乐府机关为教坊收集,配合乐舞而发展的。与伎乐的关系,为侑觞之小曲。文人引为文艺作品。俚曲淘汰,见于敦煌手卷(晚唐至北宋)。

五、词的产生缘于都市繁华,商业化的都市。唐代的长安、洛阳、扬州多歌伎。宋代的汴京、临安、扬州、成都等商业中心，奢华享乐的生活，太平景象。

六、唯唐代歌伎往往唱诗，如大曲中唱唐代诗人绝句，如《杨柳枝》等小曲也是七言绝句句法。到宋代，大曲、小曲均用长短句句法。

长短句是五七言的解放，同时词有格律，不但句法一定，平仄也讲究，又是一种束缚。在解放与规律中成为一个诗歌艺术的类型。

七、宋代歌伎的普遍。教坊伎：男乐工、女歌唱者。男伎，女伎。官伎：各州县的官伎。家伎：民间伎女、乐户、酒楼茶馆的卖唱者。俚曲必定很多，词牌亦必定很多。不过现在保存下来的词，都是文人高雅的作品而已。

八、文人为歌伎作小词风气的普遍。举苏轼、欧阳修、晏几道为例。

柳永的流连坊曲，专作词曲，为词曲专家。

九、词的体制。小令、中调、长调。

令，引，近，慢，犯（大曲摘遍，集曲）。

十、词的思想内容。词原来是俚俗小曲，最初抒写共同的感情，以相思、别离、四季景物、及时行乐为题材。后来才扩大它的内容，变成抒写个人感慨的词，加入咏怀式的思想内容（主要是苏轼以后）。

十一、北宋文人词的分期与前期词人。

宋代文人在韵文方面，也可以说在诗歌方面，另外开辟了一个园地，就是词。词是以抒情为主的小曲，入乐歌唱的歌曲是最能抒情的，无论合唱的歌、独唱的歌，强烈地抒发人的感情。合唱的抒发了集体的共同的感情，起共鸣作用。独唱的歌曲，倾诉内心的激动，类乎戏台上的独白。宋人的词，性质同于前代的乐府歌曲，不过体制短小，专以抒情为主，不像前代乐府歌曲有长篇叙事的。（连章应用词来叙事，也须夹杂散文。）

　　宋人称词为小词，也称小曲，也称曲子。就其文词而言，谓之词；就歌曲整体来称呼，称它为小曲，或曲子，属于乐歌的范围。宋人通称词曲，原无分别。在文学史上硬把金元以后的新生俗曲称曲，而把宋代的曲词称词。那是文学史上的名称。

　　曲的名称原来就有，例如汉代有相和曲、清商曲等。配合琴的称琴曲，配合琵琶的又有琵琶曲。那是指某一大类的歌曲。个别的歌曲例如《襄阳曲》《乌栖曲》《明妃曲》等，或为歌曲或为诗篇的名称。至于词的名称也自古有之，例如配合《陇头歌》的称《陇头歌辞》，配合《折杨柳歌》的称《折杨柳歌辞》。歌咏木兰的称《木兰辞》。词与辞同义，即歌曲的文辞部分，特称之为辞或词。

　　词起于唐代。唐明皇时代的教坊乐曲，有许多的小曲。这些小曲的来源是各地方的民歌小曲、各民族的音乐歌曲。音调曲折动听，所用的歌词主要是长短句体，不是整齐的五七言诗体。文人开始替那些小曲作词，是白居易、刘禹锡、温庭筠、韦庄等。所以说这些小曲大量收罗采集到乐府机关里，是始于盛唐，而文人为这些小曲作词，是始于中晚唐时代。到宋代便普遍流行，成为文学体制的一个大类。

词是乐府歌曲，但是有它特殊的形式。假如我们要给词一个定义，便是词是配合音乐歌唱的有一定格律的长短句形式的歌词。歌词随每个乐调的声音曲折而变化其句法，获得一定的语文上的格律。单说词是长短句的诗是不够的，譬如汉乐府、李白的诗往往参差错落，可不是后来的词体，因为没有一定的格律。所谓词，每一调有一个词牌名称，例如《菩萨蛮》《蝶恋花》等，都是乐曲的名称，有一定的句法和格律。不但管句法，并且管着平仄，不依它便不入乐，不好歌唱了。五七言诗句法整齐，到词体发达，采用长短句的格式，并且能够运用新鲜活泼的语言，是一种解放，可是同时每个词牌，又有一定的格律。一边是解放，一边又是有束缚和规律，艺术性就在这里。本来诗歌是格律化的语言。没有音乐性的回旋曲折，就不成为诗歌了（古典的诗歌原理在此）。

唐代的教坊乐曲，有小曲、大曲。大曲如《甘州》《凉州》《伊州》《水调》《六幺》等等。采用五七言绝句入内歌唱。小曲如《菩萨蛮》《调笑令》《抛球乐》等，都用长短句词。小曲也已到三百之数。到了宋代教坊曲，无论大曲、小曲都用长短句形式的诗句，这类的歌词总称为词。

唐代文人的诗有采入歌曲的，如王昌龄、高适的绝句，白居易、元稹的诗。然而到了宋代，欧阳修、苏轼、黄山谷的诗都不可以入乐歌唱（部分的可以倚琴而歌）。他们另外写许多小词，同样地可以入乐歌唱。他们写诗是一个态度，写词又是一个态度。例如黄庭坚的诗是高古派，可是他的词却是非常俚俗，尽量用俗言俗语的。

词曲在当时是俗文学，大众化的文艺。上自王公大臣，下至市井小民，都喜欢作词唱曲。本来民歌杂曲散在各地，那是人民的文艺。不过那些歌曲少人注意，没有能收集起来。宋词之所以发达，是都市繁华，伎乐发达所致。伎包括男伎、女伎、乐工和歌唱者。合乐和歌唱的不分男女，不过基本上歌唱的以女性为主，而合乐的是男乐工。歌伎有教坊伎，承应宫廷宴会歌舞的；有家伎，豪门贵族的家伎；有官伎，各州县承应官场酒席宴会的伎女；有民间的伎女，在酒楼、茶馆、勾栏中卖唱的，而部分民间伎女也编入乐户，要承应官差。所谓小令，多数是歌伎所唱的小调，劝酒的歌曲（所谓侑觞之曲），为酒令之一种。喝酒时唱曲劝酒。当时士大夫酒席应酬往往为歌伎作小词。例如苏轼在杭州通判任上，有一次府僚湖亭高会，群伎皆集。独秀兰不来，营将督之再三乃来。府僚皆不悦。其时正值初夏，榴花盛开，秀兰以一枝献座上。东坡为作《贺新郎》一曲，使秀兰歌之，于是府僚大悦。即"乳燕飞华屋"一首名篇也（《古今词话》）。东坡有一习惯，如果遇到知己朋友来访，他接待清谈。假如不很知己的官僚来，往往设宴招待，请些歌伎来唱歌尽欢，敷衍一番，终席不大交谈。再例如欧阳修奉使契丹，回到北京。其时贾文元公守北都，设宴招待，使官伎办词以劝酒，伎唯唯；复使都厅召而嘱之，伎亦唯唯。公叹以为山野。既宴，伎奉觞以为寿，永叔把盏侧听，每为引满。公复怪之，召问所歌，皆欧词也。(《后山丛谈》)可见欧公之词，贾昌朝并未知道，而歌伎却很熟悉，亦可怪也。此虽出于小说，未必可信，但此事可能有的。足证当时士大夫设宴，伎乐普遍，而欧公词亦流传广远耳。又例如晏几道有《小山词》集，他自叙云："始时沈十二廉叔、陈十君龙家有莲、鸿、苹、云，工以清讴娱客，每得一解，即以草授诸儿，吾三人持酒听之，为一笑乐。"(《碧鸡漫志》)士大夫生活无聊，陶情歌曲，因此产生了这类词的文学。至于柳永，他一生沉溺在坊曲声色中，度他的浪漫生活，成为词的专家、填词的能手。坊曲中有新声，即请他填词。柳词普遍流行。西夏归朝官云，有井水处，皆能歌柳耆卿词。在开始时，词基本上是歌伎劝酒之曲。这个风气还是从唐代长安来，到了宋代更盛。

词的体制。词按长短分为小令、中调、长调，又按音乐节奏分为令、引、近、慢、犯，此外还有大曲摘遍、集曲等。

旧说五十八字以内为小令，五十九字至九十字为中调，九十一字以外为长调(始自《草堂诗余》，分小令、中调、长调，后人因之，约略云尔。钱唐毛氏因而如此分划)。其实很牵强，如《七娘子》有五十八字者，亦有六十字者，将为小令乎？抑中调乎？又如《雪狮儿》有八十九字者，有九十二字者，将名之为中调乎？抑长调乎？(《万氏词律》)

至于小令与慢词，则实有区别。晚唐五代词皆为小令，慢词未起，慢词起于北宋年间。慢词有与小令同名，似由小令加拍改为慢曲者，如《浪淘沙》是小令，有《浪淘沙慢》《江城子》有

《江城子慢》。亦有与小令无关者，如《扬州慢》《石州慢》《苏武慢》等。小令有称为令曲者，如《如梦令》《婆罗门令》《六幺令》等，多数不标令字，如《菩萨蛮》《浣溪沙》等。体制短，产生的时代早。（称令、称子、称曲等，大概是小令。）

令、引、近、慢、犯。慢、犯皆慢词。引、近介乎令、慢之间（此类曲多数被视为中调）。

引如《清波引》《青门引》《婆罗门引》。（唯《云仙引》长至九十八字。）

近如《荔枝香近》《祝英台近》。

犯如《玲珑四犯》《尾犯》（九十四字）。

词的思想内容。词原来是俚俗小曲，它的思想内容局限于相思、离别、欢情。如敦煌卷子里的词，反映商业文明和边疆作战，男女的不安定的爱情生活，以女性的生活感情为主。词最能反映封建时代的女性的感情，有它的现实性和人民性。不过词句是俚俗的。宋代的词，数量既多，题材也很丰富，大概说来有相思、离别、欢情、四时节令、四季景物、咏物。在太平时代反映都市繁华，一般人的及时行乐思想；在乱离时代，反映对过去生活的痛苦回忆。实际在苏轼以后，词的内容便已经扩大，有咏怀、怀古、登临山川、朋友赠答等，脱离了情歌的内容，脱离了女性的生活感情，变成文人士大夫的抒情歌曲了。

北宋的词曲，其真正属于民间文艺的俚俗小词都没有保存下来，保存下来的是名家的作品和名家的词的专集。若干首无名氏或非名人的作品，见于词话所收罗的，数量极少，内容也不特殊。大概是文词可观的作品。

宋代的文人词，可以分为几个时代，就北宋一期说，可分三期：

1. 欧晏时代：令时代。

2. 柳永时代：慢词渐盛。

3. 周邦彦时代：大制慢词，讲究音律。

宋初出现于词坛的有几位达官贵人，如寇准、韩琦、晏殊、宋祁、范仲淹、欧阳修。其中范仲淹词虽则寥寥几首，风格极高。如《苏幕遮》《渔家傲》《御街行》。《渔家傲》的"将军白发征夫泪"，沉郁悲壮，可以与王昌龄、高适、岑参的边塞诗媲美。《苏幕遮》的"碧云天，黄叶地"一首，竟已为王实甫《西厢记》送别一折的蓝本。《御街行》的情致也很深，可说是不同凡响。有范仲淹的思想抱负方始可以写出这样的词来。

晏殊，字同叔，江西临川人，仁宗时宰相。诗文接近李商隐、杨亿一派，以典雅华丽见长。《珠玉词》一百二十余首。如《浣溪沙》的"无可奈何花落去，似曾相识燕归来"，如果放在七言律诗里嫌纤巧，放在词里却很大方。诗词的体制和意境各有不同。如《木兰花》（又名《玉楼春》）的"无情不似多情苦，一寸还成千万缕。天涯地角有穷时，只有相思无尽处"，达而深。

欧阳修有《六一词》和《醉翁琴趣外篇》。欧阳词接近南唐的冯延巳，有些《蝶恋花》和冯延巳的《阳春集》中词，彼此两见，混杂不分。欧阳词未脱小令时代，承继《花间集》和南唐词的风格。这类写柔情的小词，是为适应伎曲而作的，同时也是发抒某方面的感情的作品。假定是体贴女性的生活感情的，并不是他自己写他的爱情生活。例如"日日花前常病酒，不辞镜里朱颜瘦"，绝非苍颜白发颓乎其中的一个醉翁。常常对镜看花，乃是设想美女的多情。他的词既能体贴女性的柔情，所以入之歌曲也是非常适合的。

晏几道（晏殊之子），字叔原。有《小山词》。他的词多有古乐府意味，颇近《花间集》，有温韦遗风。"舞低杨柳楼心月，歌尽桃花扇底风"，《桃花扇》剧本摘取此三字，创造情节。而此《鹧鸪天》一调，后半阕尤佳。老杜诗："夜来更秉烛，相对如梦寐。"此是诗，并且是夫妇的感情。至如"从别后，忆相逢，几回魂梦与君同。今宵剩把银钉照，犹恐相逢是梦中"，则确乎是词，是小曲中的语言，是恋人的感情，不一定是夫妇了。和杜诗的表现手法有些相同，也是脱胎换骨。不过这不是文学书本上学习来的，乃是体贴人情的真切。

说话与话本 浦江清

一、什么是话本

话本就是说话人的底本。说话人就是说书的人。"话"有故事的意思。《东坡志林》说道："王彭尝云：涂巷中小儿薄劣，其家所厌苦，辄与钱，令聚坐听说古话。"说古书叫作讲古话，这是宋人的俗语。话本是民间文艺作品，乃是白话小说的滥觞，白话小说的祖先。

说话人说书讲故事，他们是有底本的。师傅传徒弟，徒弟再传徒弟，并不见得印出来。如果印了出来，就变成供阅读的文学作品，就成为小说书。不过撰作的人不为人所知，而且多数是好几代的创作，不是一个人所编造的。

说话人是职业的说书人。职业的说书人，在唐代已萌芽，只是记载缺乏；在宋代都市中非常活跃，史料记载详细。但是现在流传下来的话本，宋、元两个时代很难分别。讲史家话本刊于元代的多，向来称为宋刊的，近人考订恐是元刊。小说家的话本刊于明代，但可确知为宋元旧本，而且多数是宋代说书家所说的故事，所以合称为宋元话本小说。

此类话本材料不多，却很重要，为后来伟大的《水浒传》《三国演义》《西游记》《金瓶梅》《儒林外史》《红楼梦》等这么多的白话古典小说的源头。

所谓宋元时代，实际此类话本故事当属于第十二世纪到第十四世纪这一时期。开始是人民口头创作，原为师徒相传的底本，由于印刷业的发达和市民识字者的增多，而后由书坊编印成书，于是发展为阅读的话本文学。

二、汴京和临安的京瓦伎艺

宋代说话人中的四个家数（小说、说经、演史、合生）在唐代都已有渊源，不过到了宋代发展得更兴盛，这是和市民经济的繁荣分不开的。北宋的都城汴京和唐代的长安面貌不同。长安是文化中心、政治中心，是贵族和大官僚们聚居之地，寺院势力也大。达官贵人生活豪华，歌伎应酬贵族，应酬进士们。庶民娱乐场所少，有也不发达。这种背景，发展了传奇小说那一类的文学。而汴京商业繁荣，平民抬头，娱乐场所多。贵族官僚的生活也有平民化倾向，士大夫出入庶民场所不以为异。如宋徽宗喜欢微服游行，赵明诚、李清照常到大相国寺买碑帖书画。宋人生活习惯同近代没有多少分别，同唐以前大不同。此乃是贵族阶级崩溃以后的新兴形势，是经过中、晚唐及五代形成的。自然，士大夫入平民游艺场所不过是偶然光顾。而说话人的对象是一般市民，包括小商人、军人、小知识分子等。宫廷和官僚要听说书，大概是另有供奉和宴乐的。

据孟元老《东京梦华录》记载，汴京皇城东南有桑家瓦子、北瓦、中瓦，出旧曹门有朱家桥瓦子，此外还有保康门瓦子、新门瓦子等，这些都是小商业发达的繁盛之区，是庶民汇集之处。

据周密《武林旧事》载，临安便门外有便门瓦，候潮门外有候潮门瓦，嘉会门外有嘉会门瓦，荐桥门前有荐桥门瓦，等等。

各色伎艺人包括说书人在内，便活跃在瓦子这个区域。瓦子是平民市场，是百货买卖和酒楼、茶肆、勾栏等娱乐场所荟萃之区，是上下各阶层所乐意涉足的。《东京梦华录》把各色伎艺人记载在《京瓦伎艺》条内。京瓦就是京城的瓦肆，它犹如长安的草市，只是其更繁荣而已。京瓦伎艺即是市民的娱乐。当时商人、手工艺者都有行会组织，他们常以茶肆为聚会场所。说话人便活跃在瓦市的茶肆中。论到讲故事的艺术、戏剧杂耍的艺术，本是各地方人民大众所创造，不过他们的发展是靠了都市繁荣。市民有经济力量能够供养这一班为市民服务的诸色伎艺人，宋元俗文学的发达便是建筑在这样一个物质基础上的。

据孟元老《东京梦华录·京瓦伎艺》记载：有孙宽、孙十五等，讲史；李慥、杨中立等，小说；毛详、霍伯丑，商谜；吴八儿，合生；张山人，说诨话；霍四究，说《三分》；尹常卖，五代史。

南宋临安的繁华，比之汴京更有过之。南方经济本来超过北方，江南的商业和手工业发达，又在强敌压迫下，便出现了畸形发展的都市繁荣。临安的茶坊更为发达，第一流为士大夫社盟会场，第二流为商人、劳动者、游艺人所聚。

据《都城纪胜》《梦粱录》《武林旧事》所载，说话人分四个家数。《武林旧事》中所开名单，演史家有二十余人，小说家有五十余人之多。皆举其有名者，而可能都是同一时代人。

在两宋时期，说书业并非只在两个都市里活动。大凡经济繁荣的城市，当然有说书的人，如扬州、成都等，不过记载缺乏而已。只有《东京梦华录》《梦粱录》等几部笔记保存了可贵的宋代社会史料，都是记载都城的繁华的。

《水浒传》第五十回有插翅虎枷打白秀英一段，说郓城县有东京新来的行院（歌伎）白秀英在勾栏里说唱："招牌上明写着这场话本，是一段风流蕴藉的格范，唤做'豫章城双渐赶苏卿'。"白秀英说了开话又唱，唱了又说。可见像郓城县那样的小城市也有说唱故事的人，在做场面。虽说《水浒传》是小说，而且是元明之间人所作，其描写北宋末年的社会情况却颇为真切。这也可以作宋代社会史料看。双渐赶苏卿故事在宋代甚为流传，所谓"风流蕴藉"，与西厢故事同属浪漫的爱情故事。这里明说话本，可能是小说家的话本，小说一名词话，可以夹唱；但也可能是诸宫调的本子，水浒作者混称话本。

此外陆游诗云："斜阳古柳赵家庄，负鼓盲翁正作场。死后是非谁管得，满村听说蔡中郎。"这是说农村说书的。盲人说唱琵琶记故事，在浙江山阴县附近。（此诗一本作"身后""听唱"。或引作刘后村诗。但陆游集中有之，而刘后村集中未检得，待查。）

洪迈《夷坚支志》丁集卷三："吕德卿偕其友……出嘉会门外

茶肆中坐，见幅纸用绯帖尾云：'今晚讲说《汉书》。'"可证明说书在茶肆中。嘉会门是当时临安的一个城门。

三、说话人的家数

《东京梦华录》并未提到说话人分若干家数，此因简略之故。而《都城纪胜》与《梦粱录》则大同小异，将说话人分四个家数，各有门庭。因为古书没有标点，而这两书文章不很讲究，划分得不清楚，所以研究小说史的便有好几种划分法。其中以鲁迅先生《中国小说史略》分划得最好。赵景深、孙楷第与他意见相近。但鲁迅只用《梦粱录》，不用《都城纪胜》，有所省略，今参用两书，作以下划分：

1.小说，一名银字儿。如烟粉、灵怪、传奇、公案、朴刀杆棒、发迹变泰之事。说铁骑儿，谓士马金鼓之事。

2.说经，谓演说佛经。说参请，谓宾主参禅悟道等事。（又有说诨经者。）

3.讲史书。谓讲说前代书史文传、兴废争战之事。

4.合生，与起令随令相似，各占一事。商谜，猜诗谜、字谜、戾谜、社谜等。

（鲁迅在1项下，略去说铁骑儿；3项下谓讲说《通鉴》，汉、唐历代书史文传，兴废争战之事；4项下略去商谜。）

另，陈汝衡《说书小史》分：

1.小说，一名银字儿。烟粉、灵怪、传奇。

2.说公案——搏拳提刀赶棒、发迹变泰之事。说铁骑儿——士马金鼓之事。

3. 说经。说参请，说诨经。

4. 讲史。

此说亦可参考。盖略去合生与商谜，认为非说话人也。但据《新唐书》卷一百十九《武平一传》"胡乐施于声律，本备四夷之数。比来日益流宕，异曲新声，哀思淫溺。始自王公，稍及闾巷，妖伎胡人、街市童子，或言妃主情貌，或列王公名质，咏歌蹈舞，号曰合生"等语，则合生亦有故事。赵景深谓合生始于唐中宗时，戴望舒引施蛰存语曰，"'合生'为阿剌伯Hajan一字之译音，意为故事"。然唐时以歌咏为主，兼以舞蹈，或与宋代作为说话中一派的合生不同。又据《醉翁谈录》，则说公案亦在小说门中。

《武林旧事》未分四个家数，其卷六《诸色伎艺人》所列名单中与说话有关的有演史、说经诨经、小说、弹唱因缘、说诨话、商谜、合生七项。

弹唱因缘亦是一派。它以弹唱为主，此与后世之弹词宝卷有关，内容多涉道家神仙下凡等事。

《醉翁谈录·舌耕序引·小说引子》注云："演史、讲经并可通用。"为此，他只分小说、演史、讲经三个家数。合生、商谜性质不同，不用此引子也。

四、小说和讲史的区别

说经一门，沿着唐代和尚们的俗讲而来，渊源很早，到了宋代，渐不占重要地位。在发展上看，小说和讲史最为重要。二者的区别是：

1.讲史依据历代史书，说得很野，但主要人物皆为历史上的人物。民间艺人加工改造历史人物，形成历史人物野史化。中间穿插故事都属演史家所编造，师徒相传，创作了历史小说。小说家或依据前代志怪传奇，或依据社会新闻，而不据史传，故事的创造不受限制，可以凭空捏造。在周密《武林旧事》所记说话人名中，小说家最多。正如《梦粱录》所说："最畏小说人。盖小说者，能讲一朝一代故事，顷刻间捏合（《都城纪胜》作'提破'，此处'捏合'比'提破'好）。"小说的故事更允许虚构成分，有典型性格，更能描写社会真实，因而更富文艺性。

2.讲史是长篇的，一部书要讲个一年半载。小说都是短篇的，一篇故事只讲一回、二回，即一天、二天内讲完一个故事。可能说书的根据底本再为敷衍，讲说七八天也讲完了。此后又须另换一个故事。

3.小说，一名银字儿。银字为管乐上名称，此必因小说夹有弹唱、吹唱之故。又小说一名词话。今小说话本往往夹有诗、词、曲，当时入乐歌唱，即所谓"说了又唱，唱了又说"。同当今上海说书的弹词、小书差不多，不过据话本看，基本上是说的，诗词夹入不多。不像上海的以韵文为主或说唱并重。（《西游记》明刊本中多韵文，还是小说古制。）

讲史的话本，一般均称平话，恐即是评话。不夹歌唱，如当今上海的说大书，只用一个醒木，但凭口说。所谓评话，乃是书中夹有诗句，评赞古人是非得失之意，即评论古今之意。

在宋元时代有此两家分别，后世说书业中也还分别着。可是明以后文人所作小说亦多长篇，变成章回小说了。又明代文人亦渐泯灭界限。如《尧山堂外纪》："杭州瞽女唱古今小说、平话，谓之陶真。"已不知小说、平话之别。

五、说话人的出身和思想

说话人似乎很杂。有和尚们说佛经，有书生们说书史，有书生及一般市民接触书卷较少而生活经验丰富的说小说，有道士们弹唱因缘。有男的，也有女流。也有歌伎。但是他们同属于伎艺人一个阶层。与唐代不同，随着说话场所由寺院变为瓦肆，说佛已退居不重要的地位。单说小说和讲史两家，则有儒生及一般市民。此类儒生，不是进士们、举人们，而是略通书史，并未中过进士的。可以想像得知，所谓张解元、刘进士、陈进士等皆是美称，犹之秀才、贡士、书生之类，未必实为进士、解元也。

此类称书生、进士、贡士者在《武林旧事》名单中都属于演史一门。演史门要敷衍历代书史，书本的知识较多，故以书生为重。而首列乔万卷，当推其博学耳。但此类人中亦有宋小娘子、张小娘子等，为女流。北宋时代说三国者为霍四究，说五代史者为尹常卖。常卖是宋时俗语，《云麓漫钞》卷七："方言以微细物博易于市中自唱，曰常卖。"此说五代史者当初或曾做过小贩，故而得此名称。则演史家亦非均是书生出身。而在科举上失意的，或根本绝意功名的文人，落魄的读书人，到瓦子里去说书，当然也是在经济上很贫穷的。

至于小说家，则是社会下层的市民。他们舌辩滔滔、谈论如流，书本知识不多，而接触社会现实，生活经验丰富。但是照《醉翁谈录·小说开辟》上说，也要熟悉《太平广记》《夷坚志》《琇莹集》《绿窗新话》等书，要知李杜、韩柳诗句，欧苏、黄陈才词，似乎也要相当高的文化。观小说家中颇多俚俗名字，如故衣毛三、枣儿徐荣、粥张二等，恐原是卖故衣、卖枣、卖粥的小贩，其后改业说书的。

伎艺人的地位在封建时代是低微的，属于市民阶层。他们为了市民娱乐，所创造的是市民所喜爱的文艺。至于听众，那么从皇帝、贵族起，下至一般商人、手工业者、士兵都包括在内。有御前说书人，《武林旧事》特为注出以抬高身份，此则先在市场中说小说，有名后偶尔供应内廷，当非专为御前说书。所以这类文艺，绝非宫廷文艺而是市民文艺。

他们的思想意识也是小市民的思想意识，也有封建思想。因为那个时代是封建时代，封建思想统治着、制约着人们的头脑。可是他们是被剥削、被压迫的，在他们的文艺创作中，就有反封建的、民主的思想的萌芽。他们谈爱情故事，是反礼教的；他们说公案，是替人民控诉冤狱、希望有清官的；他们讲发迹变泰、朴刀杆棒，宣扬武艺，称赞草莽英雄；他们讲书史、评论古今，反对杀戮功臣的，残暴的统治者，歌颂人民所喜爱的帝王将相；他们刻画市民形象，描写市民生活，真实而不歪曲，能反映社会现实。因为他们的生活、思想、感情是接近人民大众的。

同时，他们免不了有宿命论、出世思想、封建道德如忠孝等观念。

六、话本的取材和编制

说书的人，需要先有一个底本，这些底本是师徒相传的。最早有创制的人，由他一人说，此后传给徒弟，渐渐又加穿插，加以增删变化。所以话本原是口头文艺，好几代传下来，没有定型。同一部书，各人所说，各地所说，都有不同。

话本的取材很广。讲史家取历代史事，取材于正史及野史。他们尤其喜欢战争变乱时期，如春秋战国时代、秦汉之际、三国时代、隋唐之际、唐末五代之类。太平盛世，无话可说。变乱时代，人物众多。战争、英雄故事，人所乐道，也是人所乐听的，比较热闹。讲史家虽标榜正史，如演说《汉书》、三国之类，其实说得很野，往往取一段有趣味的史事，加以敷衍，结合许多野史、民间传说的材料。我们看《三国志平话》及《五代史平话》即可明了。不仅限于前代史事，即当时历史事实亦可取材。《梦粱录·小说讲经史》条："又有王六大夫，原系御前供话，为幕士请给，讲诸史俱通，于咸淳年间敷衍《复华篇》及《中兴名将传》，听者纷纷，盖讲得字真不俗，记问渊源甚广耳。"即是讲南宋初年抗金英雄如岳飞、韩世忠等的故事的。咸淳为南宋度宗年号，距离南宋初年有一百年左右。王六大夫能自编自说，为不可多得的人才。

小说家的取材多根据前代小说。《太平广记》《琇莹集》等，其中多爱情、神仙、灵怪故事，可以取材。从《醉翁谈录·小说开辟》所列话本篇目看，题材来自唐人传奇的很多。此外还有捏合历史人物加以敷衍或根据民间传闻故事铺叙，乃至凭空创造的。取材于社会新闻的，亦必有之。小说类话本必定很多，但散失亦多，今存宋元话本不过数十篇而已，多数连篇目也未留下。

最初，话本是说话人自编的。后来师徒相传，因袭前人话本，增删敷演，不尽自己编书，否则来不及应付。演史家尤可，如果小说家每天要讲故事，一年得预备二三百篇小说，哪能这样丰富呢？比如演剧，一个剧本可以演几回。又如弹词，靠唱，不全听故事，重听也不厌。小说就不行。例如《碾玉观音》，只能两天讲完，讲完又得换别篇，在一两个月内不能再讲这篇，否则听众听腻了，知道这些人是鬼，便没有意味。《武林旧事》记说小说的有五十二人，一个人讲百篇，也有五千篇，事实上没有那么多的。他们所讲必定也重复，靠增插、靠说话艺术吸引听众，但其中粗制滥造、无聊的一定不少。有些未经艺术加工就随时代淘汰了，留到后代刊印出来的，总是精品杰作且经过名手编订的。

后来有了分工，文人撰作话本，长于说书者说。南宋时说书者有书会组织，如雄辩社，内中也有才人，有一定的文学修养，专业编书而不说书。说话受人欢迎，书坊开始刊印话本，书坊托人取说书家的底本进行加工编撰，并加入插图，这使一些话本得以留存至今。

七、口语的提炼

说话人以口讲说故事为技艺，精益求精，善于谈说，所用的语言是人民大众的语言。京都说书主要以汴京、临安的普通话为标准，所以说书人对语言起提炼作用。说话人的话本可以是半文半白的，可以是纯粹白话的。半文半白是因求简略之故。话本的发展为近代口语的小说文学奠定了基础，开辟了文学语言的新路。

八、现存的宋元话本

从北宋开始，到元末明初章回小说作者的兴起，中间说话人的说书事业兴盛不断有三百多年，话本数量依理应有很多，实际流传至今者却极为稀少，原因是：

1.说话人的底本为师徒相传，或书会才人所编，原是抄本，且无定型，还停留在口头文学阶段。当时亦有专利性，不愿公开。由书坊刊印此类话本实始于南宋时期，为时较晚。

2.元蒙灭宋，中原文化蒙受损失与摧残，战乱中话本被毁。元代印刷业又不如宋代发达。

3.此类市民文艺，刊本简陋，文字俚俗，得不到藏书家的重视。书坊印出后虽大量流行，但只是一时，未能很好保留，就随时代而淘汰了。《永乐大典》有平话一项，抄集尚多，而大典在清代亦散失，平话门数册无一存世，极为可惜。现存有些话本是日本藏书家所保存的。

4.有些小说内容被认为有伤风化，不为封建礼教所容。还有一些作品触犯统治阶级，因而不能保留下来。

讲史类话本失传的，如南宋咸淳年间王六大夫讲过的《复华篇》《中兴名将传》。二者均有爱国主义思想，可惜未传下来。后世的《说岳全传》可能根据了一部分南宋话本所流传的材料。

在罗烨的《醉翁谈录·小说开辟》中列举了许多小说类话本的篇名，可惜大部分未流传下来。如其中有《莺莺传》，可见当时已说西厢故事。另外尚有《李亚仙》《崔护觅水》《芭蕉扇》（可能是《西游记》中的铁扇公主事），属于朴刀杆棒的有《戴嗣宗》《青面兽》《石头孙立》《花和尚》《武行者》等，还有妖术类的《骊山老母》《贝州王则》等。有些话本更不知名目。它们未经艺术加工，就随时代淘汰了。

今存宋元话本有：

1. 说经：《大唐三藏取经诗话》

2. 小说：《京本通俗小说》

　　　　《清平山堂话本》

　　　　《雨窗欹枕集》

　　　　"三言"中的宋元旧篇

3. 讲史：《五代史平话》

　　　　《全相平话五种》

　　　　《宣和遗事》

杂剧作家的时代分期 浦江清

元代以前，中国戏剧的发展虽然已有了悠长的历史，但并无专门的剧作家产生，也没有完整的剧本传世。直到元蒙时期，涌现出近百数的戏剧作家。这些作家的作品，根据《录鬼簿》及《太和正音谱》的记录，约五六百种，其中有些是无名氏的作品。这些只是有名的剧本，尚有民间散乐所制、教坊所编，随时代淘汰不见于目录的，应该还有不少。所以元蒙八十多年的一个时代，剧本数目当近千数。

一、元剧的作家

元剧作家极盛。据钟嗣成《录鬼簿》，著录前辈名公才人，方今名公才人已亡者、尚存者、相知者、不相知者，散曲杂剧作家共计一百五十二人，其中有杂剧之作家八十九人，六十三人为只有散曲之作家。《太和正音谱》著录六十九人，作剧五百三十五种。《录鬼簿》所著录之杂剧则一百余种。此外尚有元人无名氏之作近百种，元剧著录共计有六七百种。

杂剧作家社会地位不一，有高有下。如关汉卿为太医院尹，庾吉甫为中书省掾，马致远为江浙行省务官，李文蔚为瑞昌县尹，戴善夫为江浙行省务官，刘唐卿为皮货所提举，此属于县尹、省掾阶层的小官吏。又如赵公辅为儒学提举；高文秀为东平府学；郑德辉为儒，补杭州路吏。职位较高者，有李时中，为工部主事（亦不甚高）；白仁甫，掌礼仪院太卿（此据《录鬼簿》，另处则云白氏隐居不仕）。此类人皆知识分子而文学修养极高，如白仁甫，同时为一词家，然无一进士出身者。使在唐宋时代，即为李白、杜甫、欧阳修、苏轼之类诗文高手。既沉抑下僚，遂作戏曲。在文艺创作中他们获得了市民阶层的进步思想，同时提高了杂剧的文学价值。

《录鬼簿》中未注明职位之剧作家甚多，大概为平民阶层无官职者，或隐居不仕，或为小官吏，钟氏不详其官职而漏举者，或为书会才人。如郑廷玉、王实甫、纪君祥、康进之等。此外有史九散人为武昌万户（似贵族地主），有李直夫（蒲察李五）为女真人。又有赵文殷、张国宝、红字李二、花李郎四人则为倡优（教坊中人，为教坊色长、教坊勾管等）。而《黄粱梦》一剧则第一折马致远作，第二折李时中，第三折花李郎，第四折红字李二，是官吏与倡优合作的剧本。贾仲明《录鬼簿》吊词有"元贞书会李时中"云云，则李时中为元贞书会中的领袖，而红字李二、花李郎均为教坊刘耍和之婿。

二、元剧作家的分期

从《录鬼簿》著录来看，元贞、大德年间为元剧兴盛时期。

元剧作家可分为前期、后期。以元贞、大德以前为前期，十四世纪作家为后期。

王国维《宋元戏曲史》把元剧作家分为三个时期，他是按照钟嗣成《录鬼簿》而定的。钟氏分"前辈已死名公""方今已亡名公"，"余相知者""不相知者"，"方今才人"三类。第一类以关汉卿为首，第二类为宫天挺等，第三类为秦简夫等。王氏遂分为三期。实不妥。其实第二、三类均为方今才人，唯钟氏著书时有已死亡者，有尚存在耳。年辈相差不远，可合并为一期，如此即应分为两期。

1. 前期：《录鬼簿》卷上五十六人，称为前辈名公才人者属第一期，以关汉卿、高文秀、郑廷玉、白仁甫、庾吉甫、马致远、吴昌龄、王实甫、尚仲贤、杨显之、纪君祥、康进之等为代表，人才最盛。活跃在元贞、大德前及元贞、大德之时。

2. 后期：卷下自宫天挺、郑光祖以下数十人为第二期。所谓方今才人已亡者或尚存者，与钟嗣成时代相接，与钟相知或不相知者。以宫天挺、郑光祖、乔梦符、秦简夫、朱凯等为代表，剧作远较前期为少。

前期作家盛，后期作家寥落。前期作家生活在公元1300年以前，且大都是北方人；后期作家生活在公元1300年以后，其中有北方人有南方人，而居于南方者居多。前期杂剧活跃于大都，后期盛于杭州。此或钟嗣成居于南方，其相知之人偏于南方，故记录此期详于杭州耳。

三、元剧的数目

元人杂剧，《录鬼簿》《太和正音谱》著录共有六七百种，其中有无名氏之作品，难分元明之时代。约略言之，元剧有六百种左右。现有元剧的选集及总集：

1. 元刊本《古今杂剧三十种》（有影印本）。

2. 明臧晋叔《元曲选》（有通行本）。

3. 《元明杂剧》（南京图书馆影印，六册）。

4. 《孤本元明杂剧》（商务排印本）。

5. 卢前编《元人杂剧全集》。

合计共保存元剧一百三四十种。除有名姓作家之剧作外，其中还有不少无名氏的作品。

当时戏曲已提高到文学地位。名公才人所编戏为行院所应用，当然也有只作为文学写作，剧本未曾为勾栏中人所采用排演的。

关汉卿的代表作《窦娥冤》 浦江清

现存的关汉卿剧本十八种中，《窦娥冤》是他的代表作品。王国维《宋元戏曲史》谓："其最有悲剧之性质者，则如关汉卿之《窦娥冤》、纪君祥之《赵氏孤儿》。剧中虽有恶人交构其间，而其蹈汤赴火者，仍出于主人翁之意志，即列之于世界大悲剧中，亦无愧色也。"《窦娥冤》描写一个善良无辜的妇女受迫害不屈而死，具备悲剧的本质。

《窦娥冤》的题材，无他书可证。此故事不见于笔记、话本，但来历很悠久。此剧当是取民间流传的故事，而关氏加以处理经营者。

窦娥故事的来源最为古远：

1.《汉书·于定国传》中东海孝妇的故事。因为冤杀了一个孝妇，东海郡枯旱三年。

2. 干宝《搜神记》记东海孝妇周青被冤杀，临刑车载十丈竹竿，上悬五幡，对众誓愿："青若有罪，血当顺下；青若无罪，血当逆流。"

3.《淮南子》："邹衍事燕惠王尽忠，左右谮之王，王系之狱。仰天哭，夏五月，天为之下霜。"（《太平御览》卷十四转引）又，张说《狱箴》："匹夫结愤，六月飞霜。"

凡此，皆冤狱感动天地的故事。由于一个冤狱，天降灾变，使六月飞霜，使血飞上旗，使大旱三年，都出于民间传说。想来，关汉卿并非捏合此数事以创造此剧本的故事，乃是东海孝妇等的故事在民间流传着，渐渐取得窦娥故事的形式，而关汉卿取之以为剧本的题材，而加以剪裁，写成此剧，并非他凭空架构的。

《窦娥冤》的故事有深厚、悠久的民间文学基础。元人杂剧故事都有深厚的民间文学基础。由周青而变为窦娥，神话式的故事到关汉卿的创作里成为现实主义的作品。《窦娥冤》以一个微小的人物被冤死而感天动地，具有深厚的人民性。

《窦娥冤》未说明它的时代，说窦天章上京赴考"远践洛阳尘"，设想时代在东汉。楚州山阳郡是宋代地名（今江苏淮安县），时代不明。所写的社会情况是宋元社会。《窦娥冤》具体地描写了小市民的生活现实，真实地暴露了当时社会的黑暗。《窦娥冤》所反映的社会现实是宋元时代的社会，不是汉朝、魏晋时代。尽管窦天章赴考是去洛阳，而不是去汴都或大都。像窦娥、蔡婆婆、赛卢医、桃杌太守、窦天章、张驴儿等这几个人物是宋元时代的人物。

蔡婆婆所放的高利贷，一年对本对利的，是元代所通行的"斡脱钱"，又称"羊羔儿息"。高利贷的剥削使得贫者益贫，富者益富，是促使阶级尖锐对立的一个原因。这是迫害平民最厉害的东西。其次，加重人民灾难的是到处横行的贪官污吏。据《元史》载："成宗大德时，七道奉使宣抚使罢赃官污吏万八千七十三人。顺宗时，苏天爵抚京畿，纠贪吏九百四十九人。"（见钱穆《国史大纲》下）又据史载，元大德七年，就有冤狱五千七百件之多。（《文学遗产》增刊一辑，李束丝《关汉卿的〈窦娥冤〉》）元时差不多无官不贪，包括蒙古人、色目人、汉人、南人的官吏，贪污成为风气。大德在元代还称作是开明兴盛的时期，尚且如此，其他可知。剧本中虽然没有正面攻击高利贷，通过这样一个悲剧性的故事，自然可以看出高利贷剥削是一个罪恶因素。窦天章由于向蔡婆婆借债不能偿还，把女儿割舍了，送入死地；蔡婆婆向赛卢医讨债，几乎被勒死；财富和女色引起了不良之徒的觊觎，而最终断送了窦娥的性命；张驴儿父亲被错误地毒死，张驴儿以后被凌迟处死。这几个人的丧失生命直接、间接都和高利贷制度有关。至于贪官污吏，在元代更为普遍。在本案里，虽然没有写到桃杌受张驴儿贿赂，可是作者刻画桃杌太守云："我做官人胜别人，告状来的要金银……但来告状的，就是我的衣食父母。"寥寥几句话就知道，他不但是个糊涂官，而且是个贪官。糊涂、贪污、残酷，三位一体。在那个时代，贪官污吏普遍存在，冤狱不知道有多少，所以窦娥和桃杌等都有其典型的意义。屈打成招是常事，窦娥被打得"肉都飞，血淋漓，腹中冤枉有谁知！……天那，怎么的覆盆不照太阳晖"。呼天抢地，见不到光明，眼前只有一片黑暗。窦娥愤怒呼喊道："这都是官吏们无心正法，使百姓有口难言。""这的是衙门从古向南开，就中无个不冤哉！"这些都是强烈的正面攻击贪官污吏的话。

窦娥这样一个善良可爱的女性所受到的种种不幸的遭遇，使我们认识到那个社会的本质。毫无疑问，反抗的矛头是指向统治阶级的。这是《窦娥冤》的现实主义和它的人民性所在，而且它的现实性和人民性比《西厢记》更高。因此，《窦娥冤》这个剧本一向为中国人民所喜爱，直到现在京戏里还有《六月雪》这一个剧本。窦娥成为一个在封建社会里被压迫而有强烈反抗性的典型女性人物。毫无疑问，《窦娥冤》是一个为人民服务的剧本，不是为统治阶级服务的剧本。剧的末尾，窦娥唱道："从今后把金牌势剑从头摆，将滥官污吏都杀坏，与天子分忧，万民除害。"又窦天章白："今日个将文卷重行改正，方显得王家法不使民冤。"这里似乎又有肯定统治阶级的话，我们不能如此看。这个剧本申诉出被压迫的人民的愿望，用坚强无比的斗争精神，促使统治者的反省。在封建社会里有没有清官呢？当然是有的，但是少数。剧本借窦娥之口说过"衙门从古向南开，就中无个不冤哉"，冤狱倒是普遍的。窦娥血债得以昭雪，靠冤死者鬼魂的控诉，足见人间许多冤案是不能得到昭雪的。所以窦娥得以申冤，借助于天地的力量。由于她的控诉，感动了天神，显出威灵：楚州大旱三年，冥冥之中，正义得申。固然人民受灾害，也影响了统治者的剥削，于是方始有廉访使的查案（东海孝妇的故事便是如此）。冤狱得申，这是偶然的。所以，《窦娥冤》剧本无一歌颂统治阶级的话，非常显然，作者的立场，自在人民这一边。

按照统治阶级的立场，像窦娥那样一个微小的市民算不得什么，冤枉杀死一个小民，有什么关系？古书上说："邹衍下狱，五月飞霜。"邹衍是一位谋臣，有了不起学问的人。《前汉书平话》说吕后杀了韩信，"其时，天昏地暗，日月无光"。这些都是冤枉所感召的。而窦娥哪能比邹衍、韩信？窦娥这样一个童养媳、寡妇、小市民的身份，竟能够感天动地。这种民间故事以及发挥民间故事的关汉卿的剧本都体现了人类平等、人民要求有人权保障的民主思想（人命关天关地，不管是大人物还是小百姓）。

《窦娥冤》属于公案剧、社会剧，以冤狱为主题。它控诉冤枉，希望能使人心、天道、王法三者合一没有矛盾，主要以合乎人心为衡量的尺度，统一矛盾，求致封建社会的太平天下。用新观点、用阶级分析来看，这个剧本的主题应该是小市民与官僚统治的斗争。围绕这个主题，错综复杂地描写了其他各方面的真实社会风貌，有丰富的现实内容，主要是揭露那个时代的黑暗面，人民的生活普遍的都很苦。

剧中人物除窦娥外，其他都说不上是正面人物。赛卢医、张驴儿是反面人物，张驴儿更为无赖。桃杌太守是反面人物、糊涂官。蔡婆婆是高利贷者，但在此剧中并非纯为反面人物，其人似乎还善良，待窦娥不错，婆媳的感情同于母女。可是她很软弱，不能反抗张驴儿父子，甚至不止一次地劝窦娥顺从张驴儿，乃是没见识的庸碌之辈，是一城市居民的形象。窦娥对她也有不少讽刺。对窦天章，关汉卿并没把他作为反面人物写，而是作为正面人物的。这是因为关汉卿是读书人，也属于士这个阶层。知识分子求找出路，为统治阶级服务，结果是自己的女儿受屈而死，这是极惨的，所以寄予同情，可是，也并没有歌颂他。窦天章这个人物，与包公有别。包公是一个清官，体现人民的愿望；窦天章不然，他是个悲剧人物。他热衷于功名富贵，用女儿抵债，等于卖掉，把自己唯一的骨肉抛弃了。第四折中窦娥的冤屈得以昭雪，是由于窦娥的主动，窦天章完全被动，几度把案卷忽略过去，而鬼魂又把此卷弄上来。此景凄惨阴森。他读古书，讲礼教，非常迂腐，自己让女儿送死了，还在用三从四德一套大道理教训女儿的鬼魂。关汉卿在剧里让他大讲三从四德，怕也有讽刺意味。

窦娥是正面人物，她是代表贞孝兼备的封建道德的完美人物，也是封建制度、封建道德下的被压迫者、牺牲者。她是最受压迫的。在封建时代，女性受压迫是普遍的，而她呢，又是幼年丧母离父，为童养媳；又是早婚，为寡妇。凡女性的种种不幸集于一身，后来又受强梁的蓄意欺侮与太守的酷刑。但是她的性格，在关汉卿剧中所塑造的，是聪明、勤劳、稳重、仁慈、勇敢、坚贞不屈，有女性的种种美德。她聪明，有见识。如识透张驴儿父子之为人，劝婆婆不应该留着他们，识透毒药出于张驴儿之手。到官对答清楚，分析事理明白。她富于感情，如对父亲、对婆婆、对已亡的丈夫的感情，都充分表现出来。她坚贞不屈，不肯顺从张驴儿，遭毒打也不肯招。她有反抗性，如责问天道，立下誓愿，变鬼要求昭雪，报复仇人。有这样美德的窦娥而有那样的遭遇，所以怪不得要埋怨天地，认为天地也糊涂了盗跖颜渊，欺软怕硬，顺水推舟了！天地是不是如此呢？一般说来，是如此的，所以古今不平的事真多。而《窦娥冤》这个悲剧有普遍的人民性，这也是一个原因。

有人认为关汉卿在这个剧本里宣扬贞孝观念，不能算是进步的。在市民文艺里，进步的思想表现在好几个方面。反恶霸，反贪官污吏是一种人民立场；反礼教，表现自由婚姻的又是一种进步思想。《窦娥冤》不是爱情戏剧，不以婚姻为主题，并不妨碍它是一个优秀剧本。窦娥被塑造为贞孝性格，乃是一个典型性格。她是封建时代的完人（有标准的优良品性，具备真实封建道德者），因而她的被迫害，更能够获得观众、听众的同情心，达到戏剧的效果。这本戏是严肃的，是悲剧型的。关汉卿有《救风尘》《切鲙旦》这样的喜剧，并不以贞为女性道德。《救风尘》中宋引章，继嫁周舍后，又改嫁安秀实。《切鲙旦》中女主角谭记儿是极聪明伶俐的，她原是寡妇，改嫁文人白士中。关汉卿剧中的女性人物，各有不同，不过在《窦娥冤》剧本中要求一个贞孝性格女性而已，并不宣扬贞节思想。即便有，在剧本中也是次要部分。

窦娥对丈夫有感情是自然的，对张驴儿憎厌也是自然的。

窦娥对蔡婆婆是好的，但说不上怎样孝顺，不失礼教而已。此与她出身有关。她是读书人的女儿，她不忍蔡婆婆挨打而屈招了，乃是对老年人的一片怜悯仁慈之心，所谓恻隐之心，人皆有之。这是为一种伟大的自我牺牲精神和人道主义精神所驱使，并不是服从封建礼教中孝道的教条。她想虽一时招了，免去严刑拷打，未必即成定狱。此意在第四折中窦娥鬼魂补说于父亲前，谁知官吏们糊涂无心正法呢？

桃杌既没有受贿，为什么要毒打逼供呢？不认真、糊涂是一个原因。因为人命案件，是必须要破案，有人抵命的。所以，马马虎虎能定罪就好，出于屈打成招的一途，其事如《错斩崔宁》一样。法律重人命案，但不求细心勘案，则草菅人命。

血溅、飞雪、三年之旱，并非追求浪漫。在中世纪人们的思想意识中有天神、鬼的存在。鬼报仇，同《碾玉观音》，而更为凄惨。此因市民力量还薄弱，未形成资产阶级，封建约束力大，所以市民与封建统治阶级的斗争一般是悲剧性的，只能在天道和鬼神的帮助之下得到胜利。反封建势力包含有封建思想，如天道、鬼神、命运、善恶报应思想等，这是当时的实际。鬼魂出现一场是浪漫主义手法，体现人民的愿望，整个剧本仍是悲剧。这种誓愿报应的思想，和希腊悲剧的有些主题是相仿的。

由于窦娥的强烈反抗，责问天道，使天应验其三个誓愿，这是神话式的处理，以及第四折鬼魂出现、平反案卷的场面，都带有浪漫主义（理想主义）色彩，也是现实主义精神的继续。第三、四折悲剧气氛非常浓厚，演出效果是很好的。亚里士多德对希腊人喜欢看悲剧的解释，认为有purification（净化）的效能，这里也可以应用。

到底"天从人愿"。天不主动，天的作为，是人心、人的意志感召的结果，人是主动的。因而这个剧本还是积极的，并非迷信的、消极的。

结尾表示愿金牌势剑把天下滥官污吏都杀尽，为天子分忧，为万民除害，是正旨，是儒家思想。此剧把天心、人意、王法统一起来，并未根本推翻封建制度，只是要去除封建社会中最为人民痛恶的一些痼疾。其进步意义在此，其局限性亦在此。

本剧结构严密，故事情节并无勉强巧合之处，逻辑因果都合乎当时的社会现实。曲词是通俗的，没有华丽铺张的毛病。词曲到此，已经做到十分接近大众口语，其中最精彩的是第三折。

《窦娥冤》有不朽的生命，一直活到今日的剧坛。唯从《窦娥冤》到《六月雪》，故事有改动，悲剧气氛冲淡了，不如关氏原作之佳。《窦娥冤》一剧到明代传奇中改为《金锁记》，今不存全本，情节不完全知道。据程砚秋最近所排《六月雪》戏，大概即据明代传奇古本的。情节与关剧不同，张驴儿为蔡家女佣工之子，张随窦娥之夫上京赴考，途中陷之，将蔡郎推入河中；蔡郎并未死，而张归即以不幸闻。此后张又计谋蔡婆婆，欲毒死她；蔡婆不吃此汤，递与张母吃了，张母死去。张驴儿欲霸占窦娥，窦娥不从，遂鸣官，屈打成招，判死罪。窦娥因对天鸣冤设誓，六月飞雪，遂被放回，未斩。其后，海瑞来重审，把事弄明，判张驴儿死刑。窦娥之夫中举回来，团圆结局。此类改本实无可取，把强烈的斗争性全给冲淡了。

《西厢记》的思想性与艺术性 浦江清

　　《西厢记》是元曲中最通俗流行的一个剧本，从王实甫到现在已经有六百多年。西厢故事是为中国人民所普遍爱好的。不过向来一般人爱读《西厢记》，因为它是写才子佳人的文学作品，故事情节曲折，且王实甫的辞章华美而已。贾仲明吊王实甫云："作词章风韵美，士林中等辈伏低。新杂剧，旧传奇，《西厢记》天下夺魁。"金圣叹推王实甫《西厢记》为第六才子书，而切去它的团圆结局，至草桥惊梦为止，对前四本也不少改窜。金圣叹批改《西厢记》，《第六才子书》是通俗流行的，他的批改本是宣传他的唯心论的世界观的，归结成人生如梦、无可奈何的消遣。他不曾把《西厢记》当作淫书，而是把它当作闲书，当作非现实的东西，是文人才子梦境的书，是他的进步。

　　向来古典文学中不少优秀的作品、伟大的创作，是被封建时代的正统派批评家所歪曲了的。例如《诗经·国风》里面充满了健康的爱情诗，或者被看作"后妃之德"，或者被看作"淫奔之诗"。

　　《西厢记》在旧社会，或被看作淫书，或被看作闲书。《西厢记》不是一部淫书，因为《西厢记》里面的爱情是真挚的，不是玩弄性的。男女是平等的，一对一的，爱情与婚姻是统一的。《西厢记》不是一部闲书，因为它并不单是提供勾栏里面演出娱乐消遣的东西，这里面有血有泪，展示了在封建礼教的压迫下，一对青年男女，如何为了追求自由幸福的生活而斗争，终于达到完全胜利的、符合人民大众愿望的喜剧效果。《西厢记》是古典现实主义和积极的浪漫主义结合的文艺创作。《西厢记》有浪漫主义成分，因为莺莺的美貌多才，张生的才学和热烈追求，红娘这一个丫头角色，以及孙飞虎的包围普救寺，郑恒的触阶自杀，等等，都是不太寻常的；说它是现实主义的作品，因为人物性格都真实典型，而情节布局都入情入理，没有巧合和离奇古怪的部分。

《西厢记》以才子佳人为主角，这是采取了前代相传的传奇故事。元人杂剧的爱情剧，从唐人传奇和话本小说中取材，男女主角以才子佳人为多，一般的平民老百姓的爱情还没有被取为题材（直到明代小说），这是时代的限制。《西厢记》中有"才子佳人信有之"的曲文，但是我们不能把它当作才子佳人剧。因为后世的才子佳人戏剧、小说越来越趋于公式化、概念化，而《西厢记》反映了生活真实，追求人性解放，是不庸俗的。事实上，爱情并非只是才子佳人的特权，这部作品有反封建的普遍性。作者发下一个宏愿："愿普天下有情的都成了眷属。"张生、莺莺的故事不过树立了一个斗争的典范而已。

反对父母之命、媒妁之言的门当户对的封建婚姻制度，冲破礼教束缚，追求以爱情为基础的自由美好的婚姻是《西厢记》的主题。

《西厢记》的主题是爱情。爱情也是文学中的一个主要题目。欧洲文学从《荷马史诗》开始，十年战争为了男女爱情的争夺。中国《诗经》里面也多情诗。后来中国诗发展，和民歌距离远，成为士大夫抒情达意的工具，因此在正统派的诗里面，充分反映士大夫的思想意识和士大夫的生活。政治是重要的题材，大诗人杜甫、李白、白居易很少写情诗。散文方面，尤其是古文，文以载道、言志，很少写爱情。古典文学在这方面显得贫乏主要由于：1. 中国封建社会礼教严，男女接触很少，没有社交，没有交际；2. 中国古典文学中的士大夫文学作者没有爱情生活，只有政治生活，没有生活就写不出东西来。俗文学，也是市民大众文学的戏曲、小说中，以爱情为主题的作品非常之多。所谓言情之作，如《西厢记》《牡丹亭》《红楼梦》，是其中突出的。以爱情为题材的文学来自人民大众，原始社会中就有情歌、舞蹈；《诗经·国风》、汉乐府的情歌都很健康；《楚辞》中湘君、湘夫人的情歌，缥缈空灵，爱而不见，情意缠绵；南朝乐府中的民歌，如《子夜歌》《懊侬曲》等，都以男女欢爱、诀别为内容，是天真的。而此时产生的宫体诗，不免有些轻艳。唐宋小曲由妓女歌唱，都是言情之作。元代散曲有许多采自民歌，或由通俗文人所作为妓女歌唱，庸俗的也不少，色情、秽亵的部分也不免。狎客、妓女的接触，缺乏精神上的恋爱，因此情歌就流于色情。所谓风流，原本是一个好名词，后来成了偷香窃玉的代名词。

　　在中国漫长的封建社会时代，在旧礼教的统治下，青年男女没有公开社交的机会。爱情成为一种禁忌，婚姻不自由，必须服从礼教。或者是买卖式的，或者是掠夺式的婚姻，给女性以压迫和迫害。《西厢记》反对这些。老夫人是代表封建礼教的典型人物，把一个女儿"行监坐守"，提防拘系得紧，只怕她辱没了相府门第。莺莺处在精神牢狱里面。《西厢记》描写了在旧礼教压迫下的女性，如何地想挣脱这精神牢狱的枷锁。孙飞虎是想用暴力欺压女性、企图实行掠夺婚姻的反面人物。豪强掠夺，尤其在金元时代异族统治下，这种现象是普遍的。《西厢记》里的莺莺、张生、惠明是向掠夺、残暴的统治势力斗争的。老夫人在普救寺被围时无可奈何，说要把莺莺许配给能退贼兵的人，但是孙飞虎退了，她又反悔起来："先生纵有活我之恩，奈小姐先相国在日，曾许下老身侄儿郑恒。即日有书赴京唤去了，未见来。如若此子至，其事将如之何？莫若多以金帛相酬，先生拣豪门贵宅之女，别为之求，先生台意如何？"这是她的自私自利，不遵守信义，把婚姻当作一件买卖的事。事实上是她看不起张生，只看见他是一个穷秀才。张生和莺莺有了私情之后，经过红娘的说服，她才无可奈何地把婚姻许了，但是要张生上京去赴考，表现了庸俗的功名思想。

　　在唐人传奇里有著名的爱情故事，如《李娃传》《霍小玉传》《任氏传》等，托之于妓女和妖狐。名门闺秀，礼教森严，不能有爱情的举动，一般文人也是不敢写的。才子与妓女的爱情是不平等的，是男性中心社会的产物。《西厢记》却不同。莺莺不是妓女，不是妖狐，而是相国的女儿。作者更为大胆，更能达到反封建的效果。他揭穿了封建礼教的虚伪与残酷，指出其软弱性，是可以动摇的。

《西厢记》第四本第二折，俗名"拷红"。红娘对老夫人的一段话，义正词严，又晓之以利害："信者人之根本，'人而无信，不知其可也……'。当日军围普救，夫人所许退军者，以女妻之。张生非慕小姐颜色，岂肯区区建退兵之策？兵退身安，夫人悔却前言，岂得不为失信乎？既然不肯成其事，只合酬之以金帛，令张生舍此而去。却不当留请张生于书院，使怨女旷夫，各相早晚窥视，所以夫人有此一端。目下老夫人若不息其事，一来辱没相国家谱；二来张生日后名重天下，施恩于人，忍令反受其辱哉？使至官司，夫人亦得治家不严之罪。官司若推其详，亦知老夫人背义而忘恩，岂得为贤哉？红娘不敢自专，乞望夫人台鉴：莫若恕其小过，成就大事，掎之以去其污，岂不为长便乎？"这是威胁而带恳求的话。

红娘的机智、勇敢，救了张生、莺莺二人。红娘说服老夫人的话，代表的是作者和观众对这个社会现实的批评，是一种进步的思想。

《西厢记》的反礼教、反宗法社会思想达到了一定的深度和广度。宋元社会，作为封建统治的上层建筑的是虚伪的儒家思想，即程朱理学思想，还有佛教的宗教势力。《西厢记》蔑视圣经贤传，看轻功名富贵，同儒家思想斗争。同时，这个浪漫的男女偷情的行动，在一个佛寺里发生，把一座梵王宫化作了武陵源，给佛教的统治势力以无情的讽刺。

《西厢记》的艺术性：

1．故事情节的安排是为主题思想服务的。长至二十一折，均为必需的情节，不枝蔓冗沓，是一部建立纯粹爱情婚姻关系的典型代表作品。如《拜月亭》《牡丹亭》等长本的爱情为主题的剧本，加入别的题材太多，有不必要的杂乱的感情。

2．人物的刻画，赋予鲜明的形象及真实性。人物的性格随着故事情节的发展而发展，不是孤立的、静止的、抽象的，而是具体的、有发展的。不追求以离奇曲折的悲欢离合情节吸引人。如《荆钗记》《春灯谜》《风筝误》等离奇变幻，故意造设。《西厢记》非在写事，而是写人，展示人物心理变化，极其成功。

3．辞章的华美。《西厢记》辞章美丽似"花间美人"。因为戏曲是歌剧，歌曲部分很重要。王实甫的文学修养高，语言有其特殊的风格，俏皮、诙谐、大方、泼辣，有变化，雅俗共赏。《西厢记》题材是美的，而王实甫又把辞章美化、理想化，而文笔又服从内容的要求，不追求辞藻的泛美，《西厢记》的美是天然的美，语言和人物性格是协调的。特别精彩的是《送别》一折。整部《西厢记》是一首长诗。《西厢记》是歌剧，也是诗剧。王实甫是戏曲家，同时也是一位大诗人。他的创作比之唐代诗人元稹的《会真记》高。

《西厢记》有浪漫主义的成分。取材于唐人传奇，以爱情为主题。莺莺的美貌，张生的痴情，普救寺的环境，孙飞虎抢亲的情节，张生中状元的团圆结局，整个故事好像一首抒情诗，风格接近李白的风流、浪漫、豪放。是李白型，非杜甫型。王实甫的风格，非关汉卿的风格，当然，《西厢记》基本上仍是现实主义的。

白朴与马致远 浦江清

一、白朴

白朴（1226—1312?），字仁甫，号兰谷，河北真定人（初本
隩州人。隩州，金置，属河北东路，今山西河曲县）。约与关汉
卿同时，为元剧前期作家之一。元剧四大家，一云关王马郑，一
云关白马郑。马是马致远，白是白仁甫，郑是郑德辉。

白朴之父白华为金哀宗时枢密院判官，军政大计多出其手，
亦时遭书生之妒，无所迁引。（《金史·白华传》）

仁甫生于1226年。蒙古伐金，金主出奔河北时，仁甫七岁。
赖元遗山挈以北渡，初居山东，数年后父子卜居滹阳。及长，博
览群书。有文才，尤善词曲。仁甫中年以后南下，曾至岳阳，至
建康（在1280年，即至元十七年庚辰，宋亡后一年，蒙古统一中
国之第一年），时年五十五岁。六十六岁春游杭州西湖。1306年
（大德十年）到扬州。暮年北返。1312年，八十七岁，游顺天。
此后无事迹可考。其生卒年应为1226年至1312年（？）

白朴在元朝似未曾仕，从诸遗老放情山水间，日以诗酒优
游。（明孙大雅《天籁集序》）王国维《元戏曲家小传》云："后

以子贵，赠嘉议大夫，掌礼仪院太卿。"

著有《天籁集》二卷（词）及杂剧十六种，散曲见《阳春白雪》等。杂剧仅存《唐明皇秋夜梧桐雨》和《裴少俊墙头马上》二种，以《梧桐雨》最为有名。

《梧桐雨》为历史剧，写帝妃故事。剧取唐明皇、杨贵妃的一段为大众所熟悉的故事。取材于《长恨歌》《长恨歌传》、唐史及其他唐人笔记（似未采《太真外传》），自己剪裁，演为此剧。此为后来洪昇《长生殿》所依据，有开创之功（当时还有王伯成的《天宝遗事诸宫调》，亦叙明皇贵妃故事）。

楔子叙安禄山征讨奚契丹大败，失机将斩，被张守珪解送长安取圣旨。唐明皇赦了他，贵妃收为义子。明皇欲以为平章政事，为杨国忠所阻，遂任他为渔阳节度使。而安禄山与杨贵妃已有一段私情，所以他到渔阳后便厉兵秣马，有反叛朝廷的意思。

第一折，七夕乞巧。宫廷场面。唐明皇与杨贵妃对牛郎、织女两星盟誓（此从《长恨歌》"七月七日长生殿，夜半无人私语时"二句诗来。后为《长生殿》之《密誓》一出所本）。

第二折，安禄山入寇。明皇与贵妃在御花园中小宴。贵妃吃着四川所进贡的鲜荔枝，登盘舞霓裳羽衣舞。李林甫奏禄山入寇。明皇慌急无计，遂决定幸蜀（从《长恨歌》"渔阳鼙鼓动地来，惊破霓裳羽衣曲"二句来，为《长生殿》《舞盘》《惊变》二出所本）。

第三折，入蜀途中至马嵬驿，士兵哗变。杀国忠，赐贵妃死。六军马践杨妃（从《长恨歌》"六军不发无奈何，宛转娥眉马前死"二句来，为《长生殿》《埋玉》一出所本）。

第四折，禄山乱平，明皇返京，在西宫中养老。思念杨妃，挂起真容，十分伤悼。睡梦中梦见杨妃，醒来依然寂寞，孤家寡人一个。听秋雨打梧桐，倍觉凄凉。此折意境与马致远《汉宫秋》末折"闻雁"相似，描写雨声最为美妙（从《长恨歌》"秋雨梧桐叶落时"句来，为《长生殿》《哭像》《雨梦》二出所本）。

明皇、贵妃故事，为诗歌词曲的题材，是普遍的、动听的。此剧仅简短的四折，首尾完整，全剧均很精彩。论结构，有宫廷场面，有动乱场面，前热闹，后凄凉，都有戏情。其中惊变、埋玉剧情紧张，比之《汉宫秋》人物多些。论辞章的高雅活泼，不亚于《汉宫秋》。此剧揭露帝妃的淫乐生活与其悲剧的结果，末后一折抒情意味浓厚。作者同情于贵妃的死，明皇也作为正面人物，全剧仍以爱情为主题而结合历史。但与《汉宫秋》相比，两剧效果不同。《汉宫秋》中昭君那样一个纯洁而被牺牲了的女性值得歌颂和同情，因而汉元帝的"闻雁"一折达到悲剧的效果。而《梧桐雨》首先点出了贵妃与安禄山的私情，把她丑化了。如此，贵妃便死不足惜，明皇哭妃也不能博得观众的同情。所以作为一个爱情悲剧是不完整的，这与《长恨歌》的主题思想不同。写私情为《长生殿》作者洪昇所非，加以删削。《长生殿》后出，超过了白仁甫的剧作。白作在元剧中仍有一定的地位。

《墙头马上》叙唐代裴行俭之子少俊与皇族小姐李千金的恋爱故事。两人墙头马上，四目相觑，各有眷心。约定幽会，为嬷嬷闯破，后来放他们私奔成亲。匿居于裴家花园七年，生下一双儿女。其后为父亲所发觉，逼令离弃，而留下其儿女。千金归家守节，少俊状元及第得官后接她回家，公婆也去赔罪，双方取得谅解。此也是写青年男女私行结合而遭受父亲压迫的曲折动人的故事，新鲜有味。其中跳墙一节颇似《西厢记》，而此剧出于《西厢记》后。

二、马致远

马致远，大都人，号东篱，任江浙行省务官。他大约与王实甫同时，务官是监酒税的官，非大官，亦非小吏。是高级知识分子，比之关、王两人，读书必更多。其作品文词高雅。本人爱慕陶渊明，故号东篱，以隐士自命。大概做过一任官吏即退隐家居，肆志词曲。所作散曲甚多，其《秋兴》散套脍炙人口。任讷辑为《东篱乐府》。《尧山堂外纪》录其《夜行船·秋思》一套，称为元人第一。又有《天净沙·秋思》小令"枯藤老树昏鸦，小桥流水人家，古道西风瘦马。夕阳西下，断肠人在天涯"最为有名（或云此为无名氏作）。他加入元贞书会，为一书会才人。元贾仲明【凌波仙】吊词云："元贞书会李时中、马致远、花李郎、红字公，四高贤合捻《黄粱梦》。"元贞，元成宗年号（1295—1296），是大德之前一个年号。元贞大德年间，为元剧作家最兴盛时期。马致远既加入元贞书会，则生活在公元1300年左右，至公元1300年尚未卒也。亦是第十三世纪的作家，卒年约在1320年左右。

马氏有杂剧十四种，今存七种，而以《汉宫秋》为代表作。

《太和正音谱》列元人作家以马致远为第一，评其词"如朝阳鸣凤"，言其不同凡响。又臧氏《元曲选》首列《汉宫秋》。此剧亦为元剧的代表作。马致远剧作风格与关汉卿不同，是文人游戏之作，辞章极美，但现实性差，有浪漫主义风格甚至颓废成分。其人有潇洒出尘之想，所作杂剧或为神仙故事，如《陈抟高卧》《黄粱梦》《三醉岳阳楼》《三度马丹阳》《误入桃源洞》是也；或为高人逸士故事，如《酒德颂》《踏雪寻梅》《孟浩然》是也。其富丽堂皇如《汉宫秋》，文人牢愁如《荐福碑》《青衫泪》，皆偶一为之而便臻上品。

《汉宫秋》是一历史剧，也以帝妃为题材。取材民间所流传的昭君故事，距离历史事实是很远的。王昭君，名嫱，实有其人，汉元帝时以良家女入选后宫。其出嫁匈奴呼韩邪单于，为和亲的策略。事见《汉书·元帝纪》及《匈奴列传》。《后汉书·南匈奴传》又有之，而稍加渲染，谓同时出嫁匈奴者有宫女五人，而昭君"丰容靓饰，光明汉宫，顾影徘徊，竦动左右。帝见大惊，意欲留之，而难于失信，遂与匈奴"云云。毛延寿者，见《西京杂记》。谓元帝以昭君故而斩画师数人，毛在内，亦小说也。

历经魏晋南北朝、隋唐，昭君常为乐府歌曲之题材。而琴曲、琵琶曲中皆有《昭君怨》，乐府有《昭君怨》，变文有《王昭君变文》，杜甫、王安石、欧阳修皆有咏昭君之诗。其家在湖北秭归（《后汉书》谓南郡人）。昭君与西施，皆为历史上美人之代表。

马致远取此题材为剧，得普遍的爱好（关汉卿亦有《汉元帝哭昭君》一剧，今不传），他又加以很好的处理，有创造性的场面。此剧为末本戏，汉元帝主唱。

在历史上，王昭君是一宫女，赐给服从汉朝的南匈奴单于为妃，是和亲政策。昭君和元帝素来没有谋面，只有在遣嫁时召见过一次。剧本中的王昭君则是汉元帝妃。第一折写汉元帝在宫中月夜闻琵琶声，寻声而至昭君所居冷宫，一见惊其美貌即与定情。这是一幕富丽堂皇的宫廷场面。第二折元帝正宠幸昭君，而匈奴入寇。此因画师毛延寿逃到匈奴，把美人图献于匈奴王，故使之来侵，指名要昭君和番。文臣武将一筹莫展，劝元帝割爱。元帝大骂文武百官，但也无可奈何。昭君自愿和番，谓"妾既蒙陛下厚恩，当效一死，以报陛下。妾请愿和番，得息刀兵，亦可留名青史"。为了国家大计，不能不行。帝、妃两人，都难割舍。由于外力的压迫，拆散鸳鸯。第三折送别场面。此折歌曲最美，与《西厢记》送别折可以并传。第四折汉元帝一人寂寞汉宫，梦见昭君，闻雁凄凉。昭君行至黑江头跳江自杀。匈奴愿意讲和，送奸人毛延寿来。元帝命将他斩首，以祭明妃。此折文词亦佳，凄凉之至，与《梧桐雨》末折意境相仿。

这是悲剧。以爱情结合爱国主义思想为主题，爱憎分明。虽是元帝主唱，但昭君形象比《梧桐雨》中的杨贵妃要完整、美好。昭君是被歌颂的人物，她出身农家，纯洁、贞烈，是有爱国思想的。红颜薄命，此为民间所热爱的人物。汉元帝亦非反面人物。一个风流天子，多情而无能，是悲剧中的人物。恩爱不终，是由于外患，也是被压迫的。他们的美满恩情，是被奸人谋害、暴力毁坏的。匈奴王，代表外力，但也还有良心。毛延寿，为奸人、反面人物，最令人憎恨。文武百官则成为讽刺的对象。

在汉朝，国力开张。汉元帝遣嫁宫女，是为了使南匈奴归顺朝廷，并无入寇之事。此剧虽取材历史，实为宋朝的朝廷政治写照，它是历史剧而有现实意义。它产生在元代，广大人民受蒙古贵族统治之时，暗中宣泄了爱国主义思想。剧作鞭挞毛延寿那种私通外国的小人，骂文武百官的无用，歌颂王昭君，同情汉元帝，思想性比《梧桐雨》高些。

四折的结构安排都好，辞章也十分华丽。第一折境界华美，第三、四折愈来愈凄凉，富于感伤成分，反映封建社会趋于没落，而人民生活在异族压迫下的悲哀的命运。代表宋元社会的时代特点，也代表了马致远的感伤情绪和消极思想。此剧可谓昭君故事在文艺作品的最高成就。

《荐福碑》在马致远剧本中称佳作。剧为知识分子命运之恶劣做有力的控诉。"时来风送滕王阁，运去雷轰荐福碑"，宋人原有此语。此故事原流传人口，非马氏所造作。原来的故事简单，只有范仲淹遇一寒饿书生，救济之，使其拓荐福寺碑售于京师。纸墨已具，而一夕雷轰其碑。此剧更多曲折。说秀才张镐是范仲淹之友。未遇，范给予三封书信，使投洛阳黄员外、黄州团练副使刘仕林、扬州太守宋公序。张镐投第一信，黄员外害急心疼而亡；至黄州，第二信尚未投，刘仕林病故；他把第三封信搁下不投了。宿于荐福寺中，寺僧收留他，劝其上京赴考，要拓颜真卿碑文以为路费。不料刚议此事,半夜雷轰寺碑。全剧主要情节如此。以后虽然遇到范仲淹,又得赴考,中了头名状元,但此剧基本上也是悲剧,结局是非现实的。剧中有不少精彩部分,可取的是作者为一般文人的命运多舛写照,发泄牢骚。剧中说"如今这越聪明越受聪明苦,越痴呆越享了痴呆福,越糊突越有了糊突富"。讽刺当时现实——封建社会埋没真才。

《青衫泪》取白居易《琵琶行》的题材,加以改造。叙此商妇原为长安名妓,名裴兴奴,与白居易原来相识。《琵琶行》明云"同是天涯沦落人,相逢何必曾相识",此剧却作为原来相识,且有感情。白居易贬为江州司马后,裴兴奴被卖与浮梁茶客刘一郎为妻。第三折写白居易在浔阳江头送别元稹,听到船上琵琶声,听出是裴兴奴的指拨,于是相会弹曲。裴兴奴趁茶商醉卧,跟了白乐天私逃:"我教他满船空载明月归。"此折最好,浔阳江头一段,辞章优美。末折奉旨成婚,使裴兴奴认出白居易一节,有幽默味。全剧情节尚为动人,文章亦优雅诙谐。是游戏之作,非现实的。

《陈抟高卧》第一折,陈抟在汴梁城竹桥边卖卜,有赵匡胤与其结拜之交郑恩同来卜卦。陈一见即识天机:此二人一为真命天子,一为五霸诸侯之命,一龙一虎。第二折,赵匡胤既即帝位,命使臣党继恩到西华山陈抟隐居处,请其出山。第三折,陈抟上朝,辞官。第四折,郑恩已封汝南王,奉御命带御酒十瓶,御膳一席,宫中美女十名,寅宾馆管待希夷先生(即陈抟)。宫女歌舞劝酒,陈抟不理会,贪眠打盹。郑恩闭门而出。明日天明，郑恩复来，见陈抟披衣据床，秉烛待旦，遂奏明皇上，盖一道观，使陈抟住持，封为一品真人。

此剧有可取处。如第三折上朝辞官，【滚绣球】曲云："三千贯，二千石。一品官，二品职。只落的故纸上两行史记，无过是重裀卧列鼎而食。虽然道臣事君以忠，君使臣以礼。哎，这便是死无葬身之地，敢向那云阳市血染朝衣。（贫道呵。）本居林下绝名利，自不合划下山来惹是非。不如归去来兮。"又如第四折【双调新水令】："半生不识晓来霜，把五更寒打在老夫头上。笑他满朝朱紫贵，怎如我一枕黑甜乡。揭起那翠巍巍太华山光这一幅绣帏帐。"有现实性，文笔亦佳，但有出世思想。

《黄粱梦》系四人合作，李时中曾经做过工部主事，加入元贞书会，他的地位与马致远不同。红字李二、花李郎则为教坊中人。此剧略取唐人《枕中记》故事，而改去人物。把吕翁点悟卢生的故事改编为钟离权度吕洞宾的故事。大概是根据全真教中的传说的。梦中十八年，邯郸道客店中黄粱刚熟。

《黄粱梦》《岳阳楼》《任风子》等皆演道教故事，所谓神仙道化科。剧作思想性差，有消极出世思想，人生如梦，看破红尘，含宗教意味。神仙思想的流行反映了当时社会的黑暗混浊。宋末元初，不少人逃于黄冠。唯当时元代三僧四道，道教亦被利用做统治的工具，所以也很难说有进步意义。艺术性也并不高。

五　明清文学讲

罗贯中与《三国志通俗演义》 浦江清

　　《三国演义》的作者罗贯中（约1330—1400），抄本贾仲明《续录鬼簿》云："罗贯中，太原人，号湖海散人。与人寡合。乐府、隐语，极为清新。与余为忘年交，遭时多故，天各一方。至正甲辰复会，别来又六十余年，竟不知其所终。"一说罗氏是钱塘人，或谓罗氏曾参加张士诚起义。《续录鬼簿》载罗贯中剧目有《赵太祖龙虎风云会》《三平章死哭蚩（飞）虎子》《忠正（臣）孝子连环谏》三种。

　　至正甲辰是1364年，离元朝亡国不过四年。此后六十年为1424年，即永乐二十二年（永乐末年）。知贾仲明卒于永乐以后。贾与罗为忘年交，必罗比贾年长得多。罗当卒在1400年以前，即洪武年间也。又明王圻《稗史汇编》云："文至院本、说书，其变极矣。然非绝世轶材，自不妄作。如宗秀罗贯中、国初葛可久，皆有志图王者，乃（不）遇真主，而葛寄神医工，罗传神稗史。"可见罗贯中志气不凡。王圻提到《水浒传》，没有提及《三国演义》。《三国演义》也是一部详细分析政治矛盾、战争策略的书，与有志图王的旨趣相合。罗贯中所作的《赵太祖龙虎风云会》（见《元明杂剧》）比较平庸，主题思想是君臣际遇，和《三国演义》的题材也有相同之处。

罗贯中所编通俗小说极多，除《三国演义》外，还有《水浒传》，相传是施、罗两公的作品。还有《隋唐演义》《平妖传》《粉妆楼》等，甚至有他编过《十七史通俗演义》之说。这是因为后来编通俗演义的人（或者是书坊中人）要托名于他，以便流传。

《三国志通俗演义》有明刊本，前列弘治甲寅年（公元1494年）庸愚子序，称"若东原罗贯中以平阳陈寿传，考诸国史，自汉灵帝中平元年，终于晋太康元年之事，留心损益，目之曰《三国志通俗演义》。文不甚深，言不甚俗，事纪其实，亦庶几乎史，盖欲读诵者，人人得而知之。若诗所谓里巷歌谣之义也"。这里说明了明代文人对通俗史书的看法。此本据版本家考订实为嘉靖元年（公元1522年）刊本，不过有此弘治甲寅的序（商务影印本据此本）。

《三国演义》是把三国时代的战争作为题材的历史小说。我们可以把《三国演义》称为历史小说。它是中国古典的民族形式的历史小说，和世界文学里的所谓历史小说有性质上的差别。欧洲的长篇小说产生在资本主义社会，是个别作家的文艺作品，内中有把某一个历史时期作为背景，用大部分虚构的人物故事来充实描写这个时期的社会生活的，叫作历史小说。我国的历史小说产生在封建时代。有通俗说书业者，约略根据史书，对人民大众讲说历史上的战争故事和英雄人物，讲说某一个朝代的兴亡始末，原来是口头的文艺创作。他们的累代相传的讲说底本——称为话本的东西，通过文艺作家的加工编写，产生了大批演义小说。《东周列国志》《三国演义》《隋唐演义》等等，都属于这一类。向来被称为演义小说的，按照它们的内容，可以叫作历史小说。它们是民族形式的历史小说，像欧洲中世纪的英雄传说、编年纪、年代纪那类介乎历史与小说之间的东西，同样渊源于人民口头创作，同样是封建时代的文艺作品。《三国演义》的作者罗贯中，生活在元末明初，是一位伟大的通俗文艺作家。三国故事流传到了他的时代已经有五百年的历史。他继承了丰富的民间文学遗产，比照正史，除陈寿《三国志》外，兼采裴松之注、《后汉书》等等，取其有趣的故事可写入小说者，取其有利于他的拥刘反曹的立场的材料，编写成这部历史和文艺融合得恰到好处的天才杰作，在演义小说中是一部典范的、最成功的作品。

晚唐诗人杜牧有一首绝句《赤壁》：

折戟沉沙铁未销，自将磨洗认前朝。

东风不与周郎便，铜雀春深锁二乔。

赤壁之战是历史上有名的一仗，这首短短的绝句也是唐诗中间有名的。"铜雀春深锁二乔"这样一个鲜明的场景，把当时东吴的危机和周郎侥幸成功的这个历史事实着重表现出来。同是晚唐诗人的李商隐在《骄儿诗》里描摹他小孩的淘气情况，有"或谑张飞胡，或笑邓艾吃"两句诗，可见在晚唐时代，三国故事已经普遍流行了。《东京梦华录》记载北宋首都汴京（今开封）的

"京瓦伎艺"中间有"霍四究说三分，尹常卖五代史"。京瓦是京城的瓦市，热闹的人民市场，活跃着各色各样的大众化的娱乐杂技。霍四究不知是何等样人。"常卖"是京都的俗语，指在街头叫卖小商品的，大概讲五代史的尹先生曾经是这样一个行当出身的。由此推想，霍四究也不会是怎样博雅的人物吧。据记载，北宋的汴都和南宋的都城临安（今杭州），演说史书的名家有孙宽、李孝祥、乔万卷、许贡士、张解元、张小娘子、宋小娘子等。这里贡士、解元等称呼不是真的科举上的身份，乃是社会上对一般读书人的美称。演史家要按照史书编造故事，其中尽有些有相当学问的读书人，不过这班读书人必定是穷得可以的，在科举上断了念头，不想往统治阶级里爬了，他们转向为人民大众服务，坐在茶馆里说古书了。这样，他们把掌握在封建统治阶级手里的历史知识搬运给人民，同时结合人民的道德标准批评了历史人物，结合人民大众的艺术创造能力把历史事件越发故事化了。在说书界中还有和演史家并立的小说家，讲说传奇、鬼怪和反映社会现实生活的短篇小说。这派的说书艺人捏合故事的本领更高，不像演史家一定要依据史书，带点书卷气的。这派的有名艺人中，有故衣毛三、枣儿徐荣等。从他们的称号可以推想他们的阶级出身，大概是卖过旧衣服、开过枣儿铺的。总之无论读书人也好，做小买卖出身的也好，他们现在同属于一个阶层，就是在市场里说书讲故事的伎艺人。讲说的是他们，编造话本的也是他们。他们属于小市民阶层，处在社会下层，是被压迫者，是老百姓。他们的口头文艺创作，主要反映市民阶层的思想意识。不过在都城里活跃的说书业者，原是从各个城市里集中来的，说书业普遍于全国，普遍于城市，也深入到农村。说书的是走江湖卖伎艺的，他们接近广泛的人民大众，所以他们的文艺创作是合乎人民大众的口味、反映人民大众的愿望的。封建时代有两种文化，一种是封建统治者的文化，一种是人民大众所创造的文化。说书艺人的口头创作集中表现了人民大众的文艺创作才能，从这里成长出民族形式的小说，替施耐庵、罗贯中、吴承恩、吴敬梓、曹雪芹等文艺天才开辟了广阔的道路。

宋代说三分的话本可惜没有能够流传下来。我们所看到的最古的三国故事的话本是元刊本《三国志平话》。书分三卷，上面是连环图画式的插图，下面是话本的本文。我们可以看到老百姓所创造的三国故事，是生动灵活的，可是但具轮廓，缺乏细致的描写。三国故事经过多少人的讲说，若干代的创造，面貌未必相同，这不过是某一时期的某一种本子罢了。那些话本本来是简陋的，留出供说书者铺张增饰的余地。从师傅传徒弟，徒弟再传徒弟，各有巧妙，各有创造，不可能完全记录下来。从《三国志平话》中可以见到元代说话家所说三国故事的面目。有的说得很野，如司马仲相断狱的一个楔子和刘、关、张到太行山落草，汉献帝诛十常侍，以首级招安他们，等等。这是人民口头流传的野史的面貌。在元代戏曲文学里，涌现出好些三国故事的剧本，这些剧本帮助增加三国故事的情节和三国人物的性格刻画。罗贯中总结了这笔丰富的文艺遗产，重新创造，重新考订史实，在不违背历史事实的原则下进行文艺创造的工作。三国故事到了他的手里，才成为完整的杰出文艺读物，比之元刊本《三国志平话》大不相同了。

宋人笔记说："讲史书者，谓讲说《通鉴》，汉、唐历代书史文传兴废战争之事。""讲史"一称"演史"，各人标榜一部正史，有讲《汉书》的，有讲《三国志》的，尽管讲得很野。演义，就是根据正史演说大意，铺叙发挥的意思。讲史家的话本，叫作"平话"或者"演义"（在当时，它们不叫作"小说"，小说指短篇故事）。《三国演义》的正名应该是《三国志通俗演义》，或者《三国志演义》。说《三国演义》是简称。嘉靖刊本《三国演义》题书名作《三国志通俗演义》，里面标题："晋平阳侯陈寿史传，后学罗本贯中编次"。陈寿的《三国志》就是二十四史里的正史。其实《三国演义》和陈寿《三国志》根本是两部书，性质完全不同。所以这样标题，一是说明这部小说的史料依据；一是还要抬出正史来，希望见重于知识阶级。还有一个重要的原因是罗贯中确实在史书里用过一番功夫，做了史书材料和人民口头创作双方融合统一的重编工作。他把向来话本中间离开历史事实太远的部分删去了，并且根据史实的轮廓添加文艺性的描绘。因此《三国演义》获得了雅俗共赏的优点。《三国演义》是讲史家话本小说的优秀代表作品，本来是演史家的书，不应称为小说。不过元末明初，演史与小说两家的分界已经混冥。我们今天称它为历史小说，一半是历史，一半是小说。不离乎史实，又有文艺创造，"文不甚深，言不甚俗"。《三国演义》的雅俗共赏在乎此。

章学诚《丙辰札记》说《三国演义》七分实事，三分虚构。其实，与其说七实三虚，不如说三实七虚。人物是历史上所有的，人物性格与故事大部分是小说家的创造。三实七虚，在不违背历史事实的原则下大量吸取元代平话家的文艺创造。比较《三国志平话》来看，罗贯中删去了司马仲相断狱的有因果报应思想的一段入话，删去了刘、关、张太行山落草的一段不合史实的故事（纯出于民间传说）。他把平话中只有简单情节的故事，用细致的描写做了加工。例如三顾茅庐一段，平话只有三顾茅庐与孔明下山两段，共不过一千字，到罗本扩充到五六千字，原甚简陋粗糙，今则成为艺术杰构，引人入胜。平话中张飞很活跃，而《三国演义》保存之，突出地写了孔明与关羽。罗贯中自己为一知识分子，处在元末乱世，有权谋策略而不曾施展，也是有抱负而不遇明主的人，所以对诸葛亮的才能与际遇尤其向往。诸葛亮在《三国演义》中几乎成为最重要的主角，是一般知识分子的理想人物。罗氏喜欢读史，写通俗演义，对读《春秋》、明大义的关羽这类智勇双全的人物也加以突出的塑造。总之，《三国演义》三实七虚，文艺的部分多于历史；是文艺，不是历史，是通俗小说而非历史教本。小说书与历史书应该区别开来，尤其在今天，必须分开，否则会纠缠到孰为进步的问题。

　　罗贯中《三国志通俗演义》分二十四卷，每卷十节。到了清初毛宗岗（序始），把罗本《三国演义》加上评赞，改为一百二十回。原来罗本每节用七言一句标目，毛本每回用七言或八言两句对偶诗作为回目。毛本对罗本稍有细节的修改、语义上的润饰，大体均一仍原文。我们通行本所见的《三国演义》是毛宗岗本（一名《第一才子书》，并且假托了金圣叹的一篇序文）。毛本基本上与罗本没有多少出入的。

《水浒传》是反映农民起义的小说 浦江清

　　《水浒传》是以描写北宋末年的一次农民起义为主题的长篇小说。尽管《水浒传》里所写的宋江和北宋末年的宋江出入很大，不过作者所描写的北宋末年的社会生活是真实的。《水浒传》直接描写当时的现实政治，直接描写当时的社会生活，直接描写当时的阶级斗争。《水浒传》以火一般的愤怒之情揭露了当时封建统治阶级怎样欺压良民、迫害人民的罄竹难书的罪行。

　　《三国演义》是作家根据演史家的话本对证正史及野史材料编写的。虚实相生，真人真事还是比较多的；而《水浒传》根据的则是人民口头所传的宋江等水浒英雄的故事，正史的材料很少，更允许小说家的自由创造。

　　在正史上有"淮南盗宋江以三十六人横行河朔，转掠十郡，官军莫敢撄其锋""江以三十六人横行齐魏，官军数万无敢抗者"的事实。宋江所代表的武装力量，是农民反抗地主阶级残酷剥削的力量，并不是其他的力量。是因为北宋末年有李彦、杨戬、朱勔等攘农民的田地作为公田，把湖荡的捕鱼之利收归统治阶级所有，无限制地搜刮民财，以致民不聊生，起而为盗为寇。封建时代的基本矛盾是农民阶级和地主阶级的矛盾。尽管宋江和梁山泊英雄的一部分不是农民阶级出身的，这些英雄人物和起义的农民群众是不能割裂开来看的。这些英雄人物只要是和农民群众在一起举行起义，只要他们的斗争是属于农民阶级的革命斗争，那么，写这些英雄人物的这种斗争，也就是写农民群众的斗争。在元曲里提到"三十六大伙，七十二小伙"，在《水浒传》里也说到各个山头，除梁山泊外，绿林好汉所聚会的地方有少华山（第二回）、桃花山（第四回）、二龙山（第十六回）、清风山（第三十二回）、对影山（第三十四回）、饮马川（第四十三回）、登云山（第四十八回）、白虎山（第五十六回）、芒砀山（第五十八回）等。聚义地点的群众基本是没有土地的农民。《水浒传》着重描写了几个英雄人物，为官司所逼，上山落草。他们加入了农民队伍，为了农民利益而斗争。劫富济贫，替天行道，消除阶级的不平，主要是为了农民的利益的。所以《水浒传》真实地反映了农民起义的情况，把宋江故事作为材料，人民口头创作和文艺家加工制造了这一部大书，带有典型性和概括性。不是个别的一次农民起义，乃是历史上农民起义的概括描写。

《水浒传》第十四回，阮小五道："如今那官司，一处处动弹便害百姓。但一声下乡村来，倒先把好百姓家养的猪、羊、鸡、鹅尽都吃了，又要盘缠打发他。如今也好教这伙人奈何！那捕盗官司的人，那里敢下乡村来？若是那上司官员差他们缉捕人来，都吓得尿屎齐流，怎敢正眼儿看他。"阮小二道："我虽然不打得大鱼，也省了若干科差。"阮小五道："他们不怕天，不怕地，不怕官司。论秤分金银，异样穿绸锦；成瓮吃酒，大块吃肉。如何不快活！我们弟兄三个，空有一身本事，怎的学得他们？"这里说出了统治政权的苛捐杂税，压迫人民，使人民不得不反抗，因而上山落草，入湖聚义。三阮是渔民，属于农民阶级，代表劳动人民的思想感情。第十五回，白胜挑着酒桶唱："赤日炎炎似火烧，野田禾稻半枯焦。农夫心内如汤煮，公子王孙把扇摇。"这首民歌道出了劳动人民与剥削阶级的苦乐悬殊，深刻地指出阶级矛盾和阶级不平。第四十八回描写了地主阶级分子毛太公讹诈猎户解珍、解宝的情景。《水浒传》写梁山英雄三打祝家庄，祝家庄代表大地主的武装势力。

水浒英雄属于农民阶级出身的有李俊（梢公），阮小二、阮小五、阮小七（渔户），石秀（卖柴的），解珍、解宝（猎户），燕青（奴仆），王英（车脚夫），童威、童猛（贩私盐），陶宗旺（田户），邹渊、邹润（闲汉），白胜（闲汉）；手工艺者有雷横（铁匠）、凌振（炮手）、金大坚（刻碑匠）、孟康（打船匠）、侯健（裁缝）、郑天寿（银匠）、汤隆（铁匠）；小商人有燕顺（贩羊马）、吕方（贩生药）、郭盛（贩水银）、曹正（屠户、酒家）、朱富（酒家）、孙新（酒家）、顾大嫂（酒家）；其他还有如安道全（太医）、皇甫端（马医）、公孙胜（云游道士）；其他还有军官、衙吏、押狱、刽子手等。总之，出于社会下层占十之八九。只有卢俊义、柴进等极少数人属于富贵的阶级。

在历代农民起义群众中，允许有非农民成分的人参加在内，这也是事实。这些人的共同之处是有武艺、有义气，紧密地团结。农民起义的领袖人物，除了有武艺以外，还需要有智谋、有魄力。《水浒传》的领袖人物是为人公正的晁天王晁盖，江湖上知名的及时雨、呼保义宋公明，智多星吴用，入云龙公孙胜，玉麒麟卢俊义，等等。第三十八回浔阳楼宋江吟反诗，《西江月》云："他年若得报冤仇，血染浔阳江口。"又有诗云："他时若遂凌云志，敢笑黄巢不丈夫。"隐然以农民起义领袖自居。这些人中，不乏知识分子。没有知识分子参加，农民起义不会成功。

《水浒传》描写了市民阶层人物和农民阶层人物的大团结，被压迫者的大团结，展开了对统治者的武装斗争。具体地描写了官逼民反，英雄好汉逼上梁山，以及盗亦有道，劫富济贫，专杀滥官污吏，扫除地方上的恶霸，保护善良的人们。乃至于自己组织一个社会，竖立起"替天行道"的旗帜，反对奸臣，反对朝廷，乃至于"兀自要和大宋皇帝做个对头"（第三十八回）。在政府统治区进行了好多次游击战争，不止一次地打退了官兵，最后还粉碎了童贯率领的十万人和高俅率领的十三万人的围剿大军（第七十六回至第八十回）。

《水浒传》的主要部分，即它的精华是在前边的七十一回，到梁山泊英雄排座次为止。《水浒传》的理想社会，是乌托邦的平等社会。梁山泊实际上已成为一个初级性的农民政权。梁山泊的纪律严明，在自己统治范围内，已经开始"保境安民"。例如扬子江边一个老人（王定六的父亲）说："他山上宋头领不劫来往客人，又不杀害人性命，只是替天行道。""老汉听得说，宋江这伙端的仁义。只是救贫济老，那里似我这里草贼！若得他来这里，百姓都快活，不吃这伙滥污官吏薅恼。"听了王定六父亲的话，张顺道："宋头领专以忠义为主，不害良民，只恨滥官污吏。"一席对话，道出了梁山农民政权的真实情况（第六十四回）。

《水浒传》概括地写出了在封建社会里（在特定的宋元社会这一个历史阶段，当时市民阶层已经有力量，同时又是被压迫者）农民起义的真实情况，也为后来的被压迫阶层指点了出路，树立了农民起义的良好组织的典范，也是积极的浪漫主义和写实主义手法融合的结晶。

至于小说里直接写农村生活和农村面貌的地方，确乎很少。精彩的部分是写社会各阶层的人物如何被逼到梁山聚义的过程。作者自己以及宋元说话人的出身是市民阶层，所以对市民生活最熟悉。

宋元白话话本小说，是平民文学，属于人民的文艺。它们的根深入群众当中，为群众所理解，并为他们所喜爱。但是内中最富于人民性的是《水浒传》，它代表了人民的爱和憎。演史一派的《五代史》《三国演义》等故事也能引人入胜，但是先代故事，不够接触现实和人民的思想感情；小说一派说烟粉、灵怪、传奇、公案、朴刀、杆棒，接触人民的现实生活，但篇幅短，力量不足，而且捏合故事，以消遣为主，以情节离奇曲折、娓娓动听为主，属浪漫传奇性质。《水浒传》合演史、小说两家之长，都是人的故事，不是鬼的故事；不谈爱情，只谈英雄。所写都是路见不平，拔刀相助的英雄好汉故事。他们有组织地反抗朝廷，专杀官兵，保护老百姓。他们是锄奸扶善、劫富济贫、替天行道的一班好汉。他们身上寄托着人民的理想。《水浒传》暴露统治阶级的种种罪恶，有强烈的反抗性。

聂绀弩在《论〈水浒〉的思想性和艺术性是逐渐提高的》（《人民文学》1954年5月）一文中说："差不多两千年前，《史记》的作者司马迁，如火如荼地描写过陈涉、吴广等斩木揭竿的起义，把下层的朱家、郭家等游侠之士捧上了历史舞台，以无限同情塑造了一个起义失败的英雄巨像——项羽，给以后人民作家开辟了广阔的道路。但司马迁以后，这样的英雄们常常被埋没、被抹杀、被歪曲或者被写得奄奄无生气了。《水浒传》直接上承司马迁的人民性的传统，又打破了史书真人真事的局限性，把从北宋末年起两百多年间在民间传说着的各种起义的人物和故事，汇集成为一部大书、一个整体。它不只是北宋末年一次农民起义的反映，也不只是北宋末年以后两百多年的起义人物和故事的汇集，而是历史上的人民、现代人民祖先反抗压迫者的战斗史，是司马迁以后差不多两千年间无数农民起义的缩影，是那些起义的唯一的、高级意义的忠实和正确的反映。"

聂绀弩说明了《水浒传》这部小说的基本性质，说明了文艺作品的概括性，也说明了像《水浒传》这样一部伟大的作品是承继着司马迁那样一位大史家的优良的现实主义文学的传统的。可以补充说明的是，文艺作品的概括性和特殊性是辩证的、统一的。《水浒传》是通过北宋末年的一次农民起义，通过宋江故事，通过梁山泊英雄聚义这一个人民口头相传的故事来表现在封建时代的屡次农民起义的真实性的，有其特殊性和概括性。宋江起义和陈涉起义有共同之点也有特殊不同之点。水浒人物活动在一个特定的社会环境里，《水浒传》写出了典型环境中的典型人物。通过《水浒传》的人物形象，我们认识了宋代的社会，也认识了封建社会的本质。现实主义的文艺作品是反映社会发展道路和规律的。

司马迁的《史记》固然是伟大的著作，但是它的主要部分是写帝王将相统治阶级的生活。《水浒传》不然，主要是写下层社会的生活、下层阶级的人们的思想感情。《水浒传》比《陈涉世家》《游侠列传》《刺客列传》内容更其充实，描写更其详细，更能激动、鼓舞人民的感情。《水浒传》的语言是宋元社会的人民语言，从中可看到宋代以来说话人的伟大成就，也可看到施耐庵、罗贯中那样的天才文艺作家的伟大成就。

《西游记》的主题思想　浦江清

　　《西游记》的主题思想是反抗至高无上的势力，要求解放；追求慈爱、平等的"正法"，扫荡凶暴吃人的妖怪。

　　《西游记》演说唐三藏西天取经的故事。此故事到了吴承恩，或者在吴氏以前的元人平话《西游记》里，已经把以唐僧为主角的故事，转移成以孙行者为主角的小说了。整部《西游记》以孙行者为小说中的英雄主角，《西游记》的战斗性也表现在孙行者的形象塑造上。

　　《西游记》是神话小说（鲁迅谓是神魔小说），是积极浪漫主义作品。神魔本来是非现实的，但《西游记》并不完全超现实。在神魔故事中寓有对现实社会的嘲讽，是它现实主义的倾向性成分。

　　《西游记》的主题思想在开卷写孙行者出身故事和闹天宫一段表现得很明显。孙行者有强烈的反统治思想，其战斗精神是反对至高无上的统治权力的。

　　孙行者是东胜神洲感受日月精华的花果山上的一块仙石孕育的一个石猴，做了众猴之王，称为花果山水帘洞的美猴王。后来又到西牛贺洲的灵台方寸山、斜月三星洞，从须菩提祖师学道，得其特别传授心法，并题名为孙悟空，又得到七十二变化，勤修苦炼（灵台方寸、斜月三星都是"心"，所以孙悟空又名心猿），因此神通广大。他是个捣乱分子，先闹四海龙王，到水晶宫取得武器；又闹十殿阎王，阎王取消了他的寿限，打出幽冥界；四海龙王和地藏王对他无可奈何，便拜本奏上玉帝，孙悟空遂又大闹天宫。这一段作者借题发挥，天宫自然是封建朝廷的投影。

许多天神天将打不过一个孙行者，表示统治阶级的无能。太白金星招安政策是迎合天帝意旨的，是不失朝廷尊严、一贯的羁縻手段的体现。可是用在孙行者身上失败了。读者同情他的这种捣乱行为。

《西游记》反映的阶级斗争，前七回是很显著的。对统治阶级的无能，用诙谐的笔触加以讽刺。孙行者是劳动人民的英雄形象。

从第十四回"心猿归正"以后，孙行者的战斗精神便用之于扫荡妖魔、保护唐僧西行取经上面了。张天翼认为书中的妖魔实在都很可爱，乃是被压迫者，这种看法是值得商榷的。

《西游记》神话故事反映现实，概括起来有以下方面：

1. 统治阶级的互相通连，官官相护，玉皇大帝为最高统治者，反抗者最后得与玉皇大帝作斗争。

2. 封建统治势力的软弱性，无能而要面子。如玉帝听太白金星的话，用招安办法。历代统治者对农民起义的两面手法：镇压与招安。《西游记》里的孙行者的战斗性更强烈于《水浒传》里的宋江。

3. 统治者不能用人，对才能之士只有羁縻而无诚意。明代政治尤其如此。

4. 孙行者被擒是遭老君暗算，虽败犹荣。

5. 对孙行者也有讽刺。他神通虽大，能千变万化，却不能藏住自己的尾巴。

6. 孙行者逃不出如来佛的掌心，逃不出五行山。暗示人类还不能征服自然，还不能摆脱封建时代宗教的约束。神话中表现其时代思想、历史条件。

7. 孙行者对如来说："他虽年幼修长，也不应久占在此。常言道：'皇帝轮流做，明年到我家。'只教他搬出去，将天宫让与我，便罢了；若还不让，定要搅攘，永不清平！"这是很大胆的，也是很幽默诙谐的。

《西游记》有追求解放的思想和平等观念。对封建社会看得深刻，作者有生活经验和识别、表达能力，将这些巧妙地表达在文艺作品中。内里所包含的思想是丰富深刻的，所以儿童读它有味，成年人读它也有味。

［附论］作者的思想

作者所写是文艺作品，并非宣扬佛教哲学，或者作为悟道之书（如有些批注家所误会）。不过《西游记》小说既以西天取经为题材，不可避免地有散布些佛教思想和颂扬佛法之处：

1.唯心哲学。如第十三回三藏曰："心生，种种魔生；心灭，种种魔灭。"

2.扬佛抑道。前举唯有观音能救人参树是一例。虎力大王、鹿力大王、羊力大王与唐三藏、孙行者斗法，僧胜而道败。此类全真道士皆为妖怪，非人类。此外，书中不少魔怪变为全真道士，如比丘国王丈人是老道，教国王吃小儿心肝，实是寿星的鹿成精的。书中写孙行者等把三清像丢下茅厕，假扮三清受供，恶作剧。又如灭法国虐杀和尚九千九百九十六名，孙行者施法使国王、后妃、宫女、大臣、百姓们一夜都剃光头变为和尚，灭法国遂改为钦法国。凡此皆崇佛抑道之例。因为在吴承恩时代，道教成为一个恶势力，与朝廷统治者勾结，失去民间道教的进步意义。道士们在明代中叶已到了腐朽不堪的地步，为人民所鄙视。如嘉靖年间，道士陶仲文被封为少保、礼部尚书，以治病、除妖、炼丹、祈祷取得皇帝宠幸，和宦官崔文、奸臣严嵩勾结弄权。嘉靖年间，曾明令兴道灭佛，下诏没收能仁寺资财，撵出宫殿中的释迦像，后又取消宫内佛殿。嘉靖年间，还大兴土木，建造三清宫，大搞斋醮活动。人民受劳役之苦，国库空虚。吴承恩借《西游记》特为讽刺。

《金瓶梅》(节选) 浦江清

一、展开小说史新页的个人创作——《金瓶梅》

《金瓶梅》的作者,署名兰陵笑笑生。生平不可考。兰陵今属山东峄县[①],书中亦多山东方言,作者当是山东人。这部书先有抄本,出现在万历年间(1573—1620)。沈德符的《野获编》提到这部书,说袁宏道欣赏这部小说,把它与《水浒传》相提并论。袁宏道有《觞政》,把它配《水浒传》。袁氏《觞政》成于万历三十四年(公元1606年)以前,说是为嘉靖间大名士的手笔。有归于王世贞者,其说不可靠。王世贞是太仓人,不可能写这部书,是因"嘉靖间大名士"而附会的。《野获编》提到,1606年以后不久,苏州就有刊本。现今我们所见《金瓶梅词话》,是东吴弄珠客万历丁巳年(公元1617年)序的刊本。《金瓶梅词话》的刊行离作者成书当不甚远,此书当成于十六世纪末十七世纪初年,其初刊本应该在1617年以前五六年。

全书一百回,称词话,是拟话本,中间夹杂着许多词曲。词

---

① 旧县名。在山东省南部。1960年撤销,改设枣庄市。

话是宋元小说的别名，因为演说小说的，除说书外夹上弹唱，《金瓶梅》保存这个体例。它从烟粉、灵怪、传奇的小说体例中脱胎出来，有长篇巨制的结构。除了诗词、四六骈体的穿插以描写景物及抒情以外，常用当时通行的词曲，全书有六十多支通行小曲。但虽是词话体例，事实上并非说书者的话本，不是从说书艺人的话本改编的，乃是一位小说家的创作。如果不是一人所独成，也只是一二位作家所创制的，不过用词话体例而已（因为书中极淫荡秽亵之处，说书者也无法说。这些秽亵部分，是只能形诸笔墨而不能公开说唱的，而它们是书中有机部分，并非另有人所加）。

二、现实主义的长篇小说《金瓶梅》

《金瓶梅》的故事，出于《水浒传》。小说从《水浒传》中摘取一段，即西门庆与潘金莲私通。武松为武大报仇，追杀西门庆，误杀另一人，西门庆得以脱逃。武松发配，西门庆偷娶潘金莲为妾。

书名《金瓶梅》，取自书中三个女性的名字：潘金莲、李瓶儿、春梅。

全书着重描写西门庆一家妻妾：妻，吴月娘；妾，孟玉楼、李瓶儿、潘金莲、孙雪娥；婢，春梅。此外有婿，陈经济。

西门庆“原是清河县一个破落户财主，就县门前开着个生药铺。从小儿也是个好浮浪子弟，使得些好拳棒，又会赌博，双陆象棋，抹牌道字，无不通晓。近来发迹有钱，专在县里管些公事，与人把揽说事过钱，交通官吏”。“知县、知府都和他往来，近日又与东京杨提督结亲，都是四门亲家，谁人敢惹他？"

西门庆是一个小城市的恶霸，是有钱有势的人物。他原是破落户的浮浪子弟，结识了浮浪子弟九人，结拜为十弟兄。靠着生药铺、高利贷剥削，此后便用玩弄妇女、谋害朋友的手腕发横财。私通了他的结拜朋友花子虚的老婆李瓶儿，把花子虚害死了，谋得了钱财，又娶李瓶儿为妾。再包揽词讼，结识当地官吏。再用他的钱财，结交蔡御史，勾结东京权贵杨戬和蔡京。蔡京提拔他做了提刑副千户。蔡京的生辰到了，他亲自带了厚厚的一份礼——二十担金银缎匹去拜寿，拜蔡京为干爷，便升了正千户提刑官。于是进京引奏谢恩，进一步和朝中执政的官僚们勾结。这样一个小城市的开生药铺的老板由此列入官绅阶级。小说集中写这个恶霸家庭，同时旁及社会黑暗的各个方面。全书除武松的出现不关重要以外，没有一个正面人物，都是些极丑恶的人物。《金瓶梅》虽假托宋代故事，书中所写实在是明代中叶，即嘉靖万历年间的中国社会的黑暗面，剥削阶级（官绅、和官绅勾结的不法商人）的荒淫贪酷的全貌。小说大胆地暴露现实，成为照透那个时代、那个社会的一面镜子。

除西门庆以外，小说还写了像应伯爵那样的帮闲人物（破落户出身，家财没了，专跟富家子弟帮闲贴食的）。伯爵（白嚼）是跟着西门庆玩弄妇女，专说笑话帮衬的。谢希大，好踢气球、赌博，游手好闲。吴典恩（无点恩），是本县阴阳生被革退的，专一在县前与官吏保债。

潘、李因争宠而互相嫉妒。潘金莲阴狠毒辣，因为李瓶儿生子，设计把李瓶儿之子惊死，李瓶儿也亡故。潘金莲私通陈经济等，是典型的荡妇。春梅是一个丫头，先为西门庆所收用，后来也私通陈经济。在西门庆家的妾中，孙雪娥是被压迫者，孟玉楼无声无息。吴月娘是一个软弱无用的人，根本管不了家，一任西门庆和小老婆们胡闹，喜欢受尼姑出家人奉承，听听说佛书。

西门庆往往用风流手段、甜言蜜语诱骗女性。骗到手里，便换了魔王一样的面孔，高兴时叫你两声小淫妇，发起脾气来，把女人脱得精光，用皮鞭打得皮破血流。

《金瓶梅》着重写这样一个家庭，是声色货利、肉欲与财贿的世界，为最堕落的社会的写照。全书一百回，从这个家庭的兴盛写到衰败。

《金瓶梅》不能被认为是自然主义的作品，而是现实主义的作品。因为作者所写，并非偶然的、琐碎的社会生活，而是典型的、一个真实社会的横剖面。作者通过西门庆、应伯爵、潘金莲等艺术形象的具体表现，使我们认识这社会的无可掩饰的如是种种丑恶，引起人们无比的愤怒与憎恨的情感。

《金瓶梅》虽只写了清河县的一个剥削阶级家庭，但从这个家庭中的人物与社会各方面的关系，可以看出那个时代整个社会的面貌。这是它的现实主义的广度和深度。它揭露了当时一般剥削阶级的荒淫堕落（从皇帝到官绅巨商莫不如此）。我们读明代中叶的笔记野史，认识此书所写，确是写实，并不夸大。嘉靖、隆庆、万历间，一般的风俗是淫靡堕落的，士大夫也奔竞成风，廉耻尽丧，商人富户尤其淫靡，当时的社会真实情况如此。《金瓶梅》是一部大胆暴露现实的小说。

三、《金瓶梅》的艺术成就

1. 是我国第一部有完整结构的长篇小说。在此之前的如《水浒传》《西游记》等，全书可以拆散为零篇故事，《金瓶梅》不然。它写一个家庭的事情，几个人物从头至尾贯穿全书。小说描写家庭琐屑的日常生活，而规模巨大，至一百回之长，结构宏伟。此无先例，具有特创性。

2. 全书以描写人物形象为主，并无多少故事情节。人物占第一位，不重情节，不靠故事，故事的发展是人物个性和行动的自然结果，有必然性，合乎客观事物发展的规律。没有浪漫主义离奇曲折的情节，描写细腻深刻。

以上两点开《红楼梦》先声。

小说创造了诸如西门庆、潘金莲等典型的反面人物。他们是封建社会末期堕落腐朽的统治阶级中的典型人物。正如东吴弄珠客在《金瓶梅序》中所说："借西门庆以描画世之大净，应伯爵以描画世之小丑，诸淫妇以描画世之丑婆、净婆，令人读之汗下。"这一群男女是声色货利、各种欲望的奴隶。分别开来说，女性又为男性的奴隶。

3. 口语的运用（文学语言的创造性）达到一定高度。语言全部是口语，用山东方言。生动泼辣，绘声绘影；纯粹白描，不加修饰。描绘淫鄙妇女的口吻，惟妙惟肖，如潘金莲和人吵嘴等，栩栩欲活，如闻其声。

"三言""两拍"的思想内容及其进步性 浦江清

"三言""两拍"中的小说充分反映了市民阶层的生活和思想。不论是通过爱情故事，通过歌颂信义的故事，通过暴露封建社会内部矛盾的故事，都反映了市民的眼光和要求。市民阶层包括手工业者、商人和中下层知识分子。爱情故事和婚姻自由是突破封建宗法社会的重要环节。信义对于市民极为重要，他们是依靠团结友爱以争取属于他们阶级的利益的。

商人形象作为正面人物而出现。这些商人具有劳动人民的品质。例如《两县令竞义婚孤女》内中有一商人贾昌，有同情弱者、济困扶危的心怀，不是唯利是图的。又如《卖油郎独占花魁》中的卖油郎，过着劳动人民的生活，勤勤苦苦的。《刘小官雌雄兄弟》中的刘方、刘奇，有聪明智慧，两个都是商人形象。"三言""两拍"中描写商人有前途，地主没有前途，如《转运汉遇巧洞庭红》。又《赠芝麻识破假形 撷草药巧谐真偶》虽是写狐狸的故事，却也反映商人逐渐受重视。缙绅马少卿招赘客商蒋生，说："江浙名邦，原非异地，经商亦是善业，不是贱流。"

在爱情故事里，反映了对女性的歌颂与同情。爱情故事有它的现实意义。当时程朱理学作为统治阶级压迫人民的工具，对中下层百姓的约束力量很大，但是统治阶级自己是荒淫无耻的，如《金瓶梅》所写。市民文艺作品冲决藩篱，贞操问题不是提得很高，如《蒋兴哥重会珍珠衫》中蒋兴哥对待失贞的妻子三巧儿的态度。《杜十娘怒沉百宝箱》《宋金郎团圆破毡笠》《陈御史巧勘金钗钿》等，写爱情冲破贫富贱贵的界限。（"十娘钟情所欢，不以贫窭易心，此乃女中豪杰。"）《乔太守乱点鸳鸯谱》，使人皆大欢喜，突破父母之命、媒妁之言。《通闺闼坚心灯火 闹图圄捷报旗铃》写择婿，考中了什么都行了，考不中什么都不行，有讽刺性。《错调情贾母詈女 误告状孙郎得妻》写一死而复生的故事。女家姓贾，男家姓孙。孙小官与贾闰娘为邻，青梅竹马。一日贾母穿着女儿的衣服，孙小官看见她，误认为是贾闰娘，说了几句玩笑话。贾母为此辱骂女儿。女儿气不过，上吊自杀。贾母骗孙小官来陪尸，而自己去报官。结果闰娘复活了，孙、贾反成婚配。此为极大讽刺礼教之作（贾母无知识而充满一脑子的礼教观念）。小说歌颂自择丈夫的女性，如《苏小妹三难新郎》《同窗友认假作真 女秀才移花接木》。又如《钱秀才错占凤凰俦》，说明才貌相当才宜婚配，不管礼聘，而骗局终将失败。

　　"三言""两拍"中也有写爱情悲剧的。大抵是男子负心。少年贫贱时谈爱情，有钱有势以后便负心，如《金玉奴棒打薄情郎》。

　　也有描写玩弄女性的作品。《硬勘案大儒争闲气 甘受刑侠女著芳名》，写朱熹与唐仲友有隙，辱官妓严蕊，诬其与唐仲友有私情（此故事见周密《齐东野语》）。小说讽刺理学家。晦庵不但生心与唐仲友为难，认为唐仲友是风流人物，必定与严蕊有关系，而且认为女性柔弱，受刑必招。而严蕊却始终不招。又有绍兴太守，也是讲理学的，见严蕊有貌，认为"从来有色者必然无德"。严蕊宁可被置于死地，不肯诬人，小说中说她"堪比古来义侠之伦"。

"三言""两拍"中也有正面描写夫妇爱情者，如《崔待诏生死冤家》《崔俊臣巧会芙蓉屏》《陈多寿生死夫妻》。

"三言""两拍"中肯定义气。如《两县令竞义婚孤女》《裴晋公义还原配》《吴保安弃家赎友》《羊角哀舍命全交》。写朋友关系者如羊角哀、俞伯牙。再如《李汧公穷邸遇侠客》，写出对房德的憎恨，极端鞭挞忘恩负义的人。《蔡瑞虹忍辱报仇》中，蔡小姐身陷贼手时，心中暗想："我若死了，一家之仇，哪个去报？且含羞忍辱，待报仇之后，死亦未迟。"在此，贞操是第二位，报仇是第一位。

小说中暴露了统治阶级内部矛盾。写正派官僚反对奸党的，如《沈小霞相会出师表》。其中也有商人形象重义气的，如《汪信之一死救全家》。汪信之是烧炭冶铁的企业家，被诬谋反，此写与封建统治者的矛盾。

写地主掠夺劳动人民的，如《灌园叟晚逢仙女》。

有故事散漫零碎的，如《宋四公大闹禁魂张》，描写小偷的本领，极佳。宋四公、赵正等盗贼专与悭吝的禁魂张过不去，肯定了小偷的智慧而暴露财主的剥削。《神偷寄兴一枝梅 侠盗惯行三昧戏》亦类似。故事散漫但有集中的思想。

拟话本短篇小说有共同性，各篇都含劝世意。作者站在市民的角度看问题，对市民生活作真实描写。作为主要人物的商人形象有正义感，讲义气，好赌、好色、好利的大都是地主和官僚，对官僚地主和封建统治者进行鞭挞。

《聊斋志异》的思想性 浦江清

　　《聊斋志异》八卷（亦作十六卷），长短合计共四百三十一篇。

　　故事包括神仙、狐、鬼、花妖木魅及世俗琐闻轶事，合传奇、志怪、琐闻，综合历来笔记小说的各类题材。

　　故事来源，据云蒲松龄在家乡"为村中童子师，食贫自给，不求于人。每临晨，携一大瓷罂，中贮苦茗，具淡巴菰一包"，使行道过者休憩，拉人讲故事，"搜奇说异，随人所知……偶闻一事，归而粉饰之"。如是二十余寒暑，积成此书，笔法超绝。而《聊斋自志》则云："才非干宝，雅爱搜神；情类黄州，喜人谈鬼。闻则命笔，遂以成编。久之，四方同人，又以邮筒相寄，因而物以好聚，所积益夥。……集腋为裘，妄续《幽冥》之录；浮白载笔，仅成《孤愤》之书。寄托如此，亦足悲矣！"总之，其中有听来的故事而加以自己的润饰，尤其多的是他自己所创造的虚构的故事，写仙、鬼、妖、狐，寄寓其对于现实社会的批评与讽刺。

　　王渔洋曾借其稿读之，于若干篇加评语，并题一绝云："姑妄言之妄听之，豆棚瓜架雨如丝。料应厌作人间语，爱听秋坟鬼唱时。"（《桐荫清话》）阮亭亦目为《齐东野语》也。传说又谓阮亭欲以三千金买其稿，代为刊之，聊斋未许之。

《聊斋志异》自序写于康熙己未，即1679年，此时蒲松龄年近四十。此书在其生前流传有抄本，恐其年近四十时即成书，以后尚陆续有所增订者。蒲氏生前著作甚多，终因贫而未刊行。《志异》之刊行，在乾隆时，约在蒲氏卒后五六十年，距《志异》成书已近百年矣。后有但明伦、吕湛恩二人为之作注，流传甚遍，甚至成为学文言之课本。

有人认为蒲留仙生于明末清初，有遗老思想，《志异》中多反满思想，讽刺清朝的统治，如《夜叉国》《罗刹海市》皆讽刺满人，讽刺时政。按《夜叉国》《罗刹海市》皆述漂洋海外，异域珍闻，是以夜叉国、罗刹国的传说为题材，并未见得对清人而发（《罗刹海市》述罗刹国人自言："我国所重，不在文章而在形貌：其美之极者，为上卿；次，任民社……"所谓极美，实即极丑。罗刹国与中华国相反，妍媸颠倒，此为普遍的讽刺，绝非针对清朝者）。亦有认为聊斋所谈狐，"狐"即是"胡"，指满人而言。按《聊斋志异》中谈狐仙，只有以狐之深情高义讽刺世俗人之薄情少义，同唐人小说《任氏传》等风格，更不能说是指斥妖狐。强调它的反满思想和情绪是牵强附会的。

蒲松龄憎恨贪官污吏，《聊斋志异》中有不少篇揭露了封建统治阶级的残暴贪酷。

例如《韩方》篇，在"异史氏曰"一段中指出，甲戌、乙亥间（康熙三十三、三十四年）各州县使民捐谷，名为"乐输"，而极尽其敲扑之酷，官捉民赴城，皆为"比追乐输"。此为明说，指州县官之奉承圣旨而横敛也。

如《续黄粱》篇，则写一新进士妄想做二十年太平宰相。梦中真为宰相，弄权纳贿，擅作威福，结果为包龙图所劾，孤身远谪，乃至为盗所杀。死后入地狱，上刀山，饮三百二十一万金钱（其生前所贪之贿赂）之汁，受诸种苦。文笔酣畅。

《梦狼》篇，鞭挞贪官污吏。其异史氏曰："窃叹天下之官虎而吏狼者，比比也。即官不为虎，而吏且将为狼，况有猛于虎者耶！"在虎狼官吏的衙门里，人民的白骨堆积如山。形象化。

《王者》篇写巡抚的贪污，为剑客所惩。

《席方平》篇述席方平为父冤入冥申理，终不得直。"念阴曹之暗昧，尤甚于阳间。"但席在阴间坚决反抗统治者，结果是借助于二郎神，使阎王坐囚车。作者借二郎神的一篇判词泄愤，此真所谓"仅成《孤愤》之书。寄托如此，亦足悲矣"。富于人民性。

《促织》篇说因天子要斗促织娱乐，使民间采贡促织，扰民虐政。而统治者对人民的压迫，竟至到了非要取得人的灵魂的地步。

《天宫》篇写权贵家庭中的荒淫、女性的苦闷。

其他讽刺官吏贪污，不一而足。此皆不写明何代，要之明、清两朝之现实政治如此，亦反映蒲松龄所处之社会现实是这样黑暗的。

其次是对势豪的描写。如《红玉》篇，写退居林下的御史任意抢掠民妇。《石清虚》篇写势豪某抢走邢云飞心爱的奇石。《辛十四娘》写势宦公子因为别人一句话感到不快，竟设计欲置人于死地。

蒲松龄鞭挞功名富贵思想，讽刺科举和八股文。如《王子安》讽刺失第秀才的热衷科举，爱慕功名，醉后发疯，乃至为狐所笑弄。结末"异史氏曰"，说秀才进考场有七似：似丐，似囚，似秋末之冷蜂，似出笼之病鸟，似被絷之猱，似饵毒之蝇，似破卵之鸠，"如此情况，当局者痛哭欲死，而自旁观者视之，其可笑孰甚焉"。所谈甚切。《司文郎》讽刺考官的狗屁不通。余杭生得中后，盲僧叹曰："仆虽盲于目，而不盲于鼻；帘中人并鼻盲矣。"蒲松龄反科举不如吴敬梓的彻底，但是他自己赴考的经验与体会多，所以讽刺得更细腻。

《志异》所着重的道德观念，是孝道（如《席方平》），兄弟之间的友爱（如《曾友于》《向杲》），朋友之间的义气。歌颂心地善良、诚朴的人，反对浮薄、势利，皆为封建时代的社会下针砭。

如《夏雪》，由称谓之变化讽刺世风，"下者益谄，上者益骄"。

《宅妖》讽刺官僚仗官势吓鬼，反被鬼嗤笑。

《镜听》写科举得失对兄弟妯娌关系的影响。对功名利禄的追求造成了家庭中的势利，即小见大。

《雨钱》写秀才与狐狸交友而贪利谋钱，受到老狐的怒斥："我本与君文字交，不谋与君作贼。便如秀才意，合寻梁上君子交好方得。"《钱流》与《雨钱》有共同之点。《沂水秀才》亦写秀才而爱钱的。

《种梨》讽刺吝啬者。《劳山道士》讽刺不劳而获的思想。

《堪舆》《佟客》皆讽刺虚伪的孝道。《堪舆》写兄弟为觅葬父吉地，负气相争，竟至委父柩于路侧多年。《佟客》写侠客教武艺，非忠臣孝子不传。董生自诩忠孝，其父有难，却贪生怕死，不敢相救。

《鸽异》讽刺庸俗和贪欲。

《志异》的故事，一方面为对现实社会的讽刺，另一方面为对理想生活的追求。出入三界：神仙界，冥界，人间世。以赏善惩恶为宗旨，基本上是乐观主义的，表现了对人生的热爱与执着。

爱情故事，离奇曲折，最为动人。有许多情痴的故事。肯定痴情的男子，即感情真挚、天真诚实的人。如选讲的《阿宝》《婴宁》《王桂庵》三篇，皆可为代表。《阿宝》中的孙子楚为痴情人的典型性格。因为女方嫌他骈指，以刀砍去一指。其情痴同于《红楼梦》中的宝玉，冥王谓其"生平朴诚"。朴诚得可爱，人谓之痴。《婴宁》篇写婴宁的憨笑，令人读后难忘，是文艺创作中一个极成功的女性形象。

《霍女》篇的霍女是另一性格的女性，奇女子。连嫁三夫，打破贞操观念，似乎是玩弄男性的，然有侠义。她说"妾生平于吝者则破之，于邪者则诳之也"，乃是抓住男性的某一弱点，想法惩罚他们。她对贫穷的读书人黄生却有真感情，尽力帮助他。

《聊斋志异》最看重品德，最看重才能、智慧。品德好的、有文才的穷读书人，往往得奇遇。而写女性的多情与聪明智慧，有为人间女子者，有托于狐鬼者。人与鬼、狐、精、怪的爱情故事数量最多。鬼、狐、精、怪要求变人，足见其对人生的热爱，爱情不离人生的基础。如《伍秋月》(鬼)、《爱奴》(鬼)、《小谢》(鬼)、《红玉》(狐)、《香玉》(花精)、《白秋练》(鱼精)等。爱情超越一切，打破人与非人的关系。爱情超越一切，对宗法封建社会是打击。也只有在资本主义萌芽时代，才有这种思想。

　　《志异》中有许多可爱的女性，以各种类型的、女性作为正面人物。如《仇大娘》《乔女》《侠女》《霍女》《恒娘》(狐)。

　　此外如《石清虚》中的邢云飞，为了爱石头而不惜倾家荡产。在暴露统治阶级残暴的同时，更写出了他对现实人生的执着。

　　这些鬼、狐、花精、木怪的故事是超世间的、非现实的，但都以现实人生为基础。狐、鬼等都有人性，有情爱，恋着人世间的生活；有悲哀，有欢乐，足以表现《聊斋志异》的热爱人生，是积极的，并非消极避世的思想。从公安派、竟陵派以来的山林思想，逃避斗争，消极遁世，至《聊斋志异》为对人生现实的执着所战胜。《志异》追求理想的生活，自由的、平等的、无剥削的生活。这些是《志异》故事所以普遍地为人所爱好的一个原因。

　　《聊斋志异》四百多篇，长短不一。人物众多，题材庞杂，曲折地反映了蒲松龄时代的社会真实、人民的思想感情。

《儒林外史》的主题及思想内容 浦江清

《儒林外史》原书有五十回及五十五回两说，不知孰是。今定为五十五回。最早刊本在乾隆四十年（公元1775年）左右，是吴敬梓卒后约二十年其友人金兆燕在扬州所刊，今不可得。今所得之最早刊本是嘉庆八年（公元1803年）卧闲草堂本，作家出版社据以排印。此本共五十六回。唯最后一回，讨论者认为是伪作，故而删去。通行本尚有六十回本，则更是他人所增。

小说从话本发展到拟话本的个人创作，明万历年间有《金瓶梅》，系无名文人所作。明末冯梦龙辈文人始作小说，也是拟话本体裁。内容涉及社会现实各方面，男女情爱还是主要的。《儒林外史》是一高级知识分子所作，取其生活经验最熟悉的部分，专门描写知识分子一群，以讽刺士林为主，别开生面，非常深刻。这部书不见得普遍于人民大众，但对士林阶层是起进步作用的。

文学、政治都是上层建筑，为统治阶级服务。在中国的封建社会，把文学、政治、哲学思想密切配合起来，巩固这个封建统治的是科举制度。科举制度从隋唐开始，有明经进士等科，思想还比较自由，考经学、策论、古文、诗赋等。到了明朝，开始用制艺（即八股），《儒林外史》内称为文章。这是无论形式、内容方面都完全束缚思想的东西。其内容方面，是代圣人立言，出经书上一句或一节为题，专以发挥儒家程朱一派的理学思想。其形式方面，是用八股，对偶的古文，格律极严，等于女子之缠足跳舞，同律诗同样情形。为的是使阅卷者容易看出高下，所以限制了长短、形式、题材、作法。无论谁要爬上统治阶级，必须先学八股，攻举业。不从科举里出来的人，没法做文官，只有做了官以后，或者科举上失败的，方始作些诗、古文。因此中国文学的优良传统大受打击，斫丧元气。民主的文学，反统治的文学，就无法抬头。此所以明代的诗、古文非常平庸之故。明朝亡国以后，有遗老们隐居著书，如顾炎武、黄宗羲、王夫之等潜心哲学，考据经史，开学术研究风气，是为朴学，风气渐渐转移。可是一般的知识分子仍专门作八股，以八股为天地间唯一的正文，酸腐风气从明末传下来，没有改革掉。有清一代，完全用八股取士，同于明代。《儒林外史》在知识分子群中起着极大的进步作用，是秀才、举人们自己照自己的一面镜子。其主题思想是：作者以深沉严肃的态度，予当时士林以锐利辛辣的讽刺，从而暴露了以科举制度为中心的封建主义统治的罪恶本质。在一般士林热衷科举的时代，这部小说是了不起的，指示了反封建革命的道路，必须要废去这个科举制度。

作者并没有脱离封建时代。士的阶层是封建统治的支柱，如果士的阶层道德品行好，于人民有利；如果士的阶层道德品行坏，便会加深对人民的压迫。第一回楔子中写到，王冕见到礼部议定取士之法，三年一科，用五经、四书、八股文。他说："这个法却定的不好！将来读书人既有此一条荣身之路，把那文行出处都看得轻了。"文是文章、文学，有思想内容的东西；行是品行、行为、行动；出是出仕、做官；处是退隐。《儒林外史》尽量揭露用八股文考试的科举制度怎样影响士的阶层，影响整个社会。吴敬梓有力地讽刺了热衷科举的人物、秀才举人们，批判这些人物的虚伪、酸腐、残酷、热衷、鄙陋、庸俗。

科举考试文章用八股文，题目出在四书五经上，体例是代圣人立言。好像是要每个人都做圣人，都是孔子一派的嫡传弟子，但是哪里能够每个人都做圣人？结果是言行不符，一概地虚伪。例如范进中举以后居丧尽礼，不用银镶杯箸，换了瓷杯、象牙筷，也不肯用，直到换了白竹筷，方才罢了。落后却在燕窝碗里拣了一个大虾元子送在嘴里。尽礼之伪，即小见大。其次，八股文中所谓圣人，是古代的圣人。四书五经里的道理早已不合乎近代，是陈旧发霉的过时的东西。科举使一般士林专门"子曰文章"，脱离实际，不针对现实。秀才们的头脑闭塞聪明，酸腐到极点，变成残酷。例如王玉辉的迂拙，鼓励女儿殉节留名青史。女儿绝食死后他还仰天大笑道："死得好！死得好！"后来入祠建坊，转觉心伤，辞了不肯来。看见老妻悲恸，心下不忍。深刻地写出了礼教吃人，礼教与人性的矛盾。当时的思想家戴震（东原）反对朱熹，说："人死于理，其谁怜之？"礼教杀人，戴东原已说到。所以《儒林外史》的思想和那时候的思想界是相通连的。科举制度使得每个读书人都要往上爬，社会地位完全靠功名，所以这班秀才、举子就普遍地热衷功名。例如周进到贡院后撞号板、满地打滚，范进中举后发疯，这些深刻描写都表现了他们的热衷科举。这种心理甚至影响闺阁。如鲁编修的女儿，闺阁小姐从小学制艺，见丈夫不习八股文，气得要命。鲁编修见女婿不能上进，负着气要娶姨太太生儿子。鲁小姐只好把希望寄托在儿子身上，日夜拘着四岁的小孩读八股文，书背不熟，就要责督他念到天亮。他们只读四书五经，其他一切文化遗产都不知晓，知识鄙陋。例如范进竟不知道苏轼，以为他是一个明代的考生；张静斋硬说刘基是洪武三年（公元1370年）开科第五名的进士。读书人既将科考作为唯一的上进途径，他们的读书，就再也不是为求真知，而只是谋取功名利禄的手段，所以一概庸俗。例如年轻的秀才梅玖和举人王惠在六十多岁的周进面前得意忘形、趾高气扬，只因周进是个童生。后周进考中进士，梅玖却又谎称是他的门生。科举制度的毒害更大的在要使千百万知识分子都变成无用的废物，不劳动的寄生虫，而这般秀才、监生们便成为社会的统治者，胡作非为。例如严贡生关别人家的猪，将云片糕说成是名贵药来讹船家的钱，等等。《儒林外史》揭示了他们冠冕堂皇的外衣下卑鄙恶劣的实质。

　　《儒林外史》以描写士流为中心，笔触涉及社会各个阶层。在官吏之中，着重写了萧云仙的义侠。第三十九回，郭孝子道："而今是四海一家的时候，任你荆轲、聂政，也只好叫作乱民。"暗示清政府禁止侠义行为，不允许人民之间有义气肝胆的人。郭孝子劝萧云仙："像长兄有这样品貌材艺，又有这般义气肝胆，正该出来替朝廷效力。"后来萧云仙果然去投军，在平少保那边效力杀敌。他辛苦经营建筑了青枫城，叫百姓开垦田地，兴修水利。结果如何呢？竣工后上报兵部，工部核算建筑开销，要使萧云仙赔出七千多两银子。萧云仙卖去他父亲的产业，全数缴纳还不够。向鼎是一位名士，固然并非贤吏，但并不贪污，断案尚为明白，而几乎受到革职的处分。可见朝廷的赏罚不明。反之，王惠分发到南昌府就问地方人情，可还有什么出产，关心于"三年清知府，十万雪花银"！盐商宋为富骗娶沈大年之女沈琼枝为妾，江都县知县接受宋为富的贿赂，反诬沈大年为刁健讼棍。蘧太守辞官回家，他的儿子死了，他说这是做官的报应。凡此揭露官吏的贪污、统治阶级的腐朽，这表明了吴敬梓对一般官吏的看法。

《儒林外史》写严贡生、张静斋等，以见所谓乡绅在地方上的横行，欺压人民。写扬州盐商万雪斋、宋为富等，表现盐商们的豪富、恶俗、享乐，他们纳妾，勾结官府，欺压人民，而又附庸风雅，结交翰林清流。

官吏、乡绅、豪商、地主为当时社会中的支配者，而一般人都利欲熏心，社会风气势利。《儒林外史》是写实文学，不夸大，不用浪漫主义手法，如实地揭露这社会的形形色色，而加以无情的抨击、深刻的讽刺。

《红楼梦》(节选) 浦江清

　　宝黛的爱情悲剧是《红楼梦》的中心故事，而歌颂自由恋爱，反对父母之命、媒妁之言的包办婚姻是《红楼梦》的主题思想之一。这部长篇小说，具体描写宝黛爱情发展过程，他们所处的家庭环境，矛盾斗争的全部过程，成为中国爱情小说中最深刻动人的一部。

　　《红楼梦》以宝黛钗的三角爱情故事为中心线索，但是这部书中人物众多，包罗万象，就以爱情故事而论，围绕这个中心故事，又有其他的若干插曲。《红楼梦》并非才子佳人小说，它的主题也不局限于爱情与婚姻上。《红楼梦》以爱情故事为线索而描写了一个贵族家庭的生活，一个贵族家庭的形形色色和各个角落。作者深刻地批判了这个贵族家庭生活的糜烂，指出这个家庭没落与崩溃的必然性。

　　《红楼梦》的开始，叙述大荒山的一块顽石，变成通灵宝玉，在尘世间经历一番。它由一僧一道带到"昌明隆盛之邦，诗礼簪缨之族，花柳繁华地，温柔富贵乡"。《红楼梦》全书就在批判这"昌明隆盛之邦，诗礼簪缨之族，花柳繁华地，温柔富贵乡"。

"昌明隆盛之邦"，指中国而言。此书虽不借汉唐名色，但作者不能跳出他的时代。所谓"昌明隆盛之邦"就是康雍乾时代清朝统治下的中国。所谓的太平盛世，从作者笔下的例证可见一斑。例如，江南姑苏（苏州）可以算是繁荣的地区了，但是像甄士隐那样的小地主，遭一场火灾后，便无立足之地。想回到田庄上去住，偏值近年水旱不收，盗贼蜂起，官兵剿捕，田庄上也难以安身。甄士隐只能卖去土地，依靠岳家，最后跟着一个唱《好了歌》的跛足道人出家而去。这里指出"昌明隆盛之邦"的阶级对立、土地兼并的情况。甄士隐的形象是小地主走向没落的典型。

像刘姥姥家是住在京都附近的一个庄农人家的典型。住在天子脚下，"长安城中遍地皆是钱，只可惜没人会去拿罢了"，刘姥姥家却穷得不能过冬了。而乡里尽有良田千顷的富户。这也可见当时土地兼并、贫富不均的情况。

"诗礼簪缨之族"以荣宁两府为典型。"花柳繁华地，温柔富贵乡"指贾府，指大观园。这个贵族家庭糜烂奢侈的生活是建筑在残酷的剥削制度上的。作者借冷子兴的话，一开始就说贾府主仆上下安富尊荣。如今外面的架子虽未甚倒，内囊却也尽上来了。这样一个钟鸣鼎食之家，翰墨诗书之族，竟一代不如一代。当然，富贵人家的纨绔子弟游手好闲，多是不肖子孙，这是封建剥削家庭由盛而衰的必然命运。

作者着重描写贾府的奢侈糜烂的生活。例如借刘姥姥眼中看出饮膳的讲究。吃茄子要用十几只鸡去配；吃一顿螃蟹费十几两银子，竟够庄稼人一年的吃喝；用庄农人家想做衣裳也不能的料子去糊窗户。老爷们都纳妾，夫人、小姐、少爷们都有好几个丫头服侍，婢仆成群。势利铺张，死了一个媳妇秦可卿，倾家荡产地大出丧，棺材是用一千两银子都买不到的好木材。捐五品官用去一千二百两银子。荣国府为了贾妃省亲，特地翻造了一座大花园，特地到苏州去买女伶。

这样奢侈的生活靠什么收入呢？靠田地的收入。五十三回点出贾府收入的来源。荣宁两府多有八九个庄子。宁府的一个庄子，借庄头乌进孝的一个单子说明地租的收入。那还是年成坏的一年，有鹿、獐、狍、猪、羊等十二项三百十头；各色鱼数百斤；鸡、鸭、鹅，活的六百只，风干的二百只；野鸡、兔子各二百对；熊掌、鹿筋、海参、鹿舌、牛舌、蛏干各数十斤（条）；干果各二口袋；对虾、干虾二百斤；炭，上等一千斤，中等二千斤，柴炭三百斤；各种米一千余担。外卖粱谷、牲口各项折银二千五百两。这是庄园收入的一个单子，折合银两的不过是一小部分，大部分还是实物地租。这样多的收入，贾珍还嫌少，说"真真是别叫过年了"。

多少农民的血汗，方维持这样一个贵族家庭的日常生活！

同时，还靠高利贷剥削。像薛家是皇商而兼开高利贷的典当。像王熙凤好弄私房，把月钱倒来倒去放债，一年弄上千两银子。抄家时王熙凤就有一箱子放债的借票。

此外，倚仗官宦势力，包揽词讼。王熙凤受银三千两，勾结平安节度使，强迫张金哥前夫退婚，害死了两条人命。单只一件事如此，书中明写。其余只说一句："自是凤姐胆识愈壮，以后所作所为，诸如此类，不可胜数！"

像大观园那样的"花柳繁华地"，荣宁两府的"温柔富贵乡"，只是少数人的极度享受。维持这少数人的极度享受，不知害死了多少人命，这少数人能够永远享受吗？按社会发展的规律，指向这封建家庭的是必然崩溃的命运。

曹雪芹写这家庭的奢侈生活，剥削收入是明写的。至于饱暖思淫欲，这个家庭，外面是礼义之家，内里是荒淫腐朽，用曲笔暗写。借焦大的破口大骂，说明了贾珍与秦可卿、凤姐与贾蓉的暧昧乱伦的关系。正如柳湘莲所说，宁荣两府除了两个石狮子以外，没有干净的！

五十三回宁国府除夕祭宗祠，借薛宝琴眼看出这个祭祀的大排场。御笔的"慎终追远"的扁额，"已后儿孙承福德，至今黎庶念荣宁"的对联；贾敬主祭，贾赦陪祭，其他献爵的献爵，献帛的献帛，焚帛奠酒，济济满堂。读者已经熟悉了这些子孙的平素行径，那样肃穆雍容的景象，是一个绝大的讽刺。尤其就在贾赦想要鸳鸯做妾的那件事后，像贾赦那样的一个人也就被人看透了。

所谓诗礼之家，内情如此！正所谓衣冠禽兽。作者用艺术形象具体地表现了礼教的虚伪。

像贾赦、贾珍、贾琏、王熙凤等是声色货利的角逐者。像贾政、王夫人，表面上似乎是正派人，但是中封建毒素最深。贾政庸俗（溺于赵姨娘那样一个恶俗的人，也就不堪），道貌俨然而不近人情，对宝玉灭绝父子的天性，一无生趣。王夫人懦弱无用，而一个巴掌把金钏打到井里；偏听袭人，把晴雯驱逐出去害死了（金钏与晴雯实断送在王夫人之手）；最后又分开了宝黛两人，为爱情悲剧的制造者。凡此，可见礼教的残酷杀人！